KB136325

20대여,
퇴사하라

20대여, 퇴사하라

초판 1쇄 발행 | 2019년 8월 30일

지은이 | 서대호
펴낸이 | 김지연
펴낸곳 | 생각의빛

주 소 | 경기도 파주시 한빛로 70 515-501

출판등록 | 2018년 8월 6일 제 406-2018-000094호

ISBN | 979-11-90082-29-7 (03190)

원고 투고 | sangkac@nate.com

* 생각의빛은 삶의 감동을 이끌어내는 진솔한 책을 발간하고 있습니다. 참신한 원고가 준비되셨다면 망설이지 마시고 연락주세요.

이 도서의 국립중앙도서관 출판예정도서목록(CIP)은 서지정보유통지원시스템 홈페이지(http://seoji.nl.go.kr)와 국가자료종합목록 구축시스템(http://kolis-net.nl.go.kr)에서 이용하실 수 있습니다. (CIP제어번호 : CIP2019031390)

20대여,
퇴사하라

서대호 지음

생각의빛

제1부
회사원은 답이 없다

회사원의 하루

월요일 오전 6시 30분, 알람이 울린다. 너무너무 졸린데 억지로 일어난다. 약 1분 동안 오늘 회사를 가지말까 생각을 해본다.

'연차를 쓸까? 연차 몇 개 안 남았는데 오늘 써버리면 아깝지. 그리고 월요일 오전부터 연차를 쓰는 것은 눈치 보여. 분명히 팀장한테 혼날 거야.'

연차를 쓰고자 하는 마음을 접고 화장실에 가서 샤워를 한다. 아무 생각이 없다. 마치 좀비가 된 거 같다. 샤워를 하고 잠을 깬 후 휴대폰으로 포털사이트에 올라온 뉴스와 댓글을 읽으며 아침 식사를 한다.

"출근하기 너무 싫다." "조금만 더 자고 싶다."라는 댓글들이 눈에 보인다. 나와 같은 처지의 사람들이 대한민국에 이렇게 많구나! 밥맛은 전혀 없다. 그냥 아침에 일어났으니 출근하기 위해 억지로 먹고 있다. 아침 식사 이후에 옷을 입는다. 양복을 입고 머리에 왁스를 바른 후 구두를 신고 집을 나선다. 오전 7시 30분이다.

우리 집은 서울 강북이다. 회사는 서울 강남이다. 출근을 위해 자동차에 시동을 켜고 회사 위치를 내비게이션에 입력한 후 출발한다. 그런데 웬일인가! 출발한지 약 5분 후 강변북로 입구부터 차가 안 가기 시작한다. 드라이브 페달을 밟을 일이 없다. 브레이크만 계속 밟았다 떼었다만 반복한다. 이럴 거면 걸어가는게 더 빨라 보인다. 내 자동차는 원래 공인 연비가 13~15km/L 이다. 하지만 자동차 계기판에 보이는 평균 연비는 5~7km/L 이다.

'당연하지! 이렇게 맨날 브레이크만 밟는데 연비가 잘 나올 리가 있나.'

화가 난다. 다 밀어부치고 싶다. 출근 전부터 피곤함이 몰려온다.

'아침에는 왜이리 사람이 많을까. 회사 근처에서 자취를 할까? 지하철을 타고 출근을 해볼까?'

하지만 이내 곧 이런 생각을 접는다. 왜냐하면 이미 위의 두 가지 대안을 해보았기 때문이다. 회사 근처 강남에 자취를 하려면은 월세로만 최소 내 월급의 3분의 1은 내야 한다. 그리고 보증금을 낼 돈도 없다. 지하철로 출근하면 더 답이 없다. 2호선을 타는 순간 앉을 자리는 당연히 없고 사람들 사이에서 숨막히게 끼어서 출근해야 한다. 차라리 길이 막히더라도 자동차로 출근하는게 낫다.

1시간 30분 이상 길에서 브레이크를 뗐다 밟았다를 지속한 후 회사에 도착했다. 오전 9시 5분이다. 오늘 하루 중 큰 일을 하나 마쳤다. 다과실에 들어가서 빵을 먹으며 쉰다.

오전 9시 30분이다. 눈치가 보이니 자리에 앉아서 뭔가를 하는 척한다. 하지만 사실 무엇을 해야 하는지 모르겠다.

오전 10시다. 오전 회의가 있다. 한 주 동안 무엇을 해야 하는지 팀원들과 공유를 한다. 대충 뭘 해야 할거 같다고 둘러대고 다른 팀원들이 무엇을 말하는지 건성으로 듣는다.

오전 11시다. 일을 좀 한다. 하지만 생각은 온통 점심식사, 카카오톡 대화에만 신경을 쓰고 있다. 카카오톡으로 나와 같은 처지의 회사원 친구들과 잡담을 한다.

12시다. 점심식사 시간이다!

점심식사 후 피곤하다. 조금 자야겠다. 약 15분간 잠을 잔 후 일어나보니 오후 1시다. 이 시간 매일 10분씩 전화영어를 한다. 원어민 강사와 10분간 대화하며 회사 욕을 한다.

오후 시간에는 일을 한다. 아무튼 나는 회사원이니 일이 있긴 하다. 목상처럼 아무 말도 안하고 컴퓨터 모니터만 쳐다보면서 열심히 코딩을 한다. 오후 5시부터는 시계를 계속 바라본다. 그리고 시계가 오후 6시를 가리키기 5분전 짐을 미리 싸고 오후 6시 정각, 누구보다 빠르게 회사를 나와 주차장으로 달린다.

자동차에 시동을 걸고 출발했지만 역시 강변북로 초입부터 다른 자동차들이 우글거린다. 화가 난다. 이 화를 달래기 위해 여자친구에게 전화를 건다. 전화하며 집에 도착하니 저녁 7시 40분이 되어 있다.

저녁 식사를 한다. 저녁 8시가 되었다.

'오늘 내가 한게 뭐지? 출퇴근하느라 길에서 시간 버리고 회의하고 코딩하고 하루가 끝났네? 이렇게 하루를 보낼 수는 없어!'

헬스장으로 향한다. 나와 같은 처지의 회사원들이 퇴근 후 헬스장에 바글거린다. 열심히 1시간 운동 후 집에 간다.

저녁 9시. 공부를 하기 위해 책을 편다.

나는 그래도 대한민국에서 특목고를 졸업하고 명문대 석사 학위까지 받았는데 매일 공부를 해야지! 매일매일 발전하는 삶을 살아야 돼!'

하지만 책을 편지 약 1시간 후 눈이 감긴다. 졸리다.

저녁 10시. 씻고 여자친구에게 자기 전에 전화를 건다.

저녁 11시. 잠이 든다. 역시 오늘 하루도 매일 똑같은 하루였다.

월화수목금은 나에게 하루처럼 느껴진다. 왜냐하면 월화수목금은 다 똑같기 때문이다. 나에게 일주일은 월~금, 금요일 저녁, 토요일, 일요일로 나뉜다. 나는 주말만 바라보면 산다. 너무나 소중한 주말은 금방 지나고 다시 월요일 아침이 된다. 일요일 저녁만 되면 기분이 안 좋다. 다시 월요일 아침이 시작되는게 너무나 두렵다.

위의 사례는 내가 회사에 다니면서 경험했던 일들이다. 남일처럼 느껴지지 않나? 대한민국의 대부분의 회사원들은 이와 같은 경험을 할 것이다. 그나마 나는 행운아이다. 칼퇴가 가능하기 때문이다. 물론 내 첫 직장은 야근을 밥먹 듯이 했다. 야근을 안 하면 일을 안 하는 줄 알고 회식을 참여 안하면 조직 생활을 못하는 사람으로 취급 받았다. 나는 그래서 회사를 옮겼다. 옮긴 회사는 회식과 야근이 거의 없었다. 하지만 나의 삶은 별반 달라지지 않았다. 칼퇴를 한다해도 출퇴근, 점심시간 포함해서 하루 12시간 이상을 회사를 위해 써야 한다. 8시간 잠을 잔다하면 하루에 나에게 쓸 수 있는 시간은 겨우 4시간 뿐이다.

부모님과 여자친구, 지인들에게 불평을 하지만 다 이런 거란다. 참고 살랜다. 먹고 살라면 어쩔 수 없단다. 긍정적으로 생각하고 나에게 쓸 수 있는 하루 4시간을 더 알뜰히 쓰라고 한다.

'그래, 매일매일 시간을 쪼개서 나를 위해 쓰자!'

이렇게 결심하고 다음 날부터 새벽 5시에 일어난다. 밥도 먹지 않고 대충 씻은 다음 회사 근처 구립 도서관으로 출발한다.

'오, 이 시간에는 길이 안 막히는구나!'

오전 6시, 도서관에 들어가 공부를 한다. 공부는 내 전공과 관련 있는 자격증 공부를 한다. 웬지 뿌듯하다. 오전 9시부터 오후 6시까지 또 똑같은 일상을 보낸 후 오후 6시에 다시 도서관으로 향한다. 저녁은 도서관 근처 도시락집에서 컵밥으로 해결한다. 저녁 10시까지 다시 자격증 공부를 한 후 길 안 막히는 시간에 집에 온다. 집에 와서 헬스장에서 운동 후 바로 취침을 한다.

이런 생활을 1개월 정도 하다 보니 문제가 생겼다. 몸이 아프기 시작했다. 얼굴에 여드름이 생겼으며 잇몸이 아프다. 허리랑 목도 아프다. 피부과, 치과, 재활의학과를 연달아 다녀온다. 문제는 스트레스, 피로감이었다.

역시 남일같이 여겨지지 않은가? 회사 생활을 하다보면 매일 똑같은 삶을 반복하게 된다. 이를 그냥 수긍하고 사는 사람들도 있지만 자기계발에 대한 의욕이 있는 사람들은 잠을 쪼개가면서 새벽, 저녁에 공부를 하기도 한다. 하지만 역시 쉽지 않다. 하루 종일 회사에서 혹사시킨 몸을 이끌고 제대로 공부에 집중하기는 쉽지 않다. 마치 오래된 엔진오일에서 계속 가속 페달을 밟는 것과 같다. 더욱더 내 몸을 혹사시킬 뿐이다.

결국 결론에 다다르게 된다. 포기하면 된다. 자기계발, 삶의 즐거움, 내 시간 모두를 포기하고 머리를 비우면 된다. 그냥 나는 기계처럼 아무 생각 없이 출퇴근하면 된다. 적당히 일하고 적당히 상사 비위를 맞추면 그래도 월급은 나오지 않나.

혹시 위와 같이 생각하고 있는가? 위의 생각이 최대한의 자기 합리화인가? 왜 반대로 생각하지 못하는가? 퇴사하면 된다. 퇴사하면 모든 게 해결된다. 퇴사하면 내 시간이 많아진다. 실컷 잠을 잘 수 있고 실컷 공부할 수 있고 실컷 운동할 수 있다. 퇴사하면 건강해진다. 퇴사하면 삶이 즐거워진다. 퇴사하면 지굿지굿한 출퇴근을 더 이상 안해도 된다. 퇴사하면 억지로 회식에 참여 안 해도 된다. 퇴사하면 상사의 눈치를 안 봐도 된다. 퇴사하면 하루종일 나를 위해 시간을 쓸 수 있다. 내가 주도적으로 살 수 있다!

혹시 두려운가? 주변의 시선이 두려운가? 부모님, 친적들에게 백수라고 말하기 창피한가? 소개팅에 나갔을 때 이전에 다니던 대기업 명함이 없어질거라 생각하니 두려운가? 내 가치가 떨어질거 같은가? 전혀 아니다. 오히려 회사 명함은 노에 명패와 같다. 내 인생은 내가 사는데 왜 남의 눈치를 보는가. 남의 시선을 위해 살아가는가 아니면 내 행복을 위해 살아가는가? 당연히 내 행복이 우선순위가 되어야 한다.

그래, 그러면 퇴사하자! 그런데 한 가지 문제가 생겼다.

"그러면 돈은?"

퇴사하면 돈은 누가 주는가. 회사 다닐 때에는 월급이 있었는데 퇴사하면 하늘에서 돈이 떨어지나?

대부분의 회사원들은 하루에도 몇 번씩 퇴사를 고민하지만 결국 회사가 주는 월급 때문에 퇴사를 못한다. 결국 문제는 돈이다. 돈 때문에 회사를 다니는 것이다.

나 역시 위와 같은 고민을 했다. 그리고 퇴사하겠다라고 말했을 때 부모님이 제일 먼저 그러면 돈은 어떻게 할 거냐라는 질문을 받았다. 그때 내 대답은 다음과 같았다.

"거지가 되더라도 회사는 다니기 싫습니다."

정말 그 때 내 심정이 그랬다. 정말 회사가 너무나도 싫었다. 그리고 또 이런 생각이 있었다.

'어차피 회사 생활해도 부자가 될 수는 없어. 부자가 못 될 바에야 퇴사를 해

야지.'

나는 그래서 퇴사했다. 다행히 나는 아직 20대였다. 다행히 나는 아직 결혼을 하지 않았다. 그래서 퇴사를 할 수 있는 용기를 얻을 수 있었다. 만약 당신이 20대가 아니고 결혼해서 처자식이 있는 장남이라면 퇴사하기가 쉽지 않을 것이다. 그래서 내 책 제목이 '20대여, 퇴사하라'이다. 젊을수록, 20대일수록 취준을 하는게 아니라 퇴사할 생각을 해야 한다. 나이가 들고 부양해야 할 가족이 생기면 퇴사하기 쉽지 않다.

다행히 나는 고정으로 나가는 지출이 많지 않았다. 부모님과 같이 살았기에 집세, 식비와 같은 생활비를 아낄 수 있었다. 고정으로 나가는 비용은 통신비, 자동차 할부금, 보험금 정도였다. 만약 당신이 결혼을 한 가장이라면 고정 지출 금액이 나보다 훨씬 많을 것이다. 그래서 고정지출이 적은 20대 때 최대한 빨리 퇴사해야 한다.

'결혼 전, 20대에 회사 생활하면서 악착같이 돈을 모으는게 아니라 오히려 퇴사하라고? 돈은 어떻게 벌건데?'

나는 퇴사하고 돈을 벌기로 마음먹은 후 새로 만든 통장이 있다. 1년 후 그 통장에 잔액은 1억이 되었다. 즉, 퇴사 이후에 1년 동안 번 돈이 1억 이상인 것이다. 처음에는 월 400만 원정도 벌었다. 그 당시 나는 엄청나게 흥분했다.

'출퇴근도 안하는데 회사 월급보다 많이 벌다니!'

현재 나의 수입은 월 2,000만 원 정도를 왔다갔다 하고 있다. 일하는 시간은 하루 3시간 정도이다. 일하는 시간은 점점 더 줄어들고 있고 월 수입은 점점 더 늘어나고 있다. 나머지 시간은 독서를 한다. 나머지 시간은 공부를 한다. 나머지 시간은 운동을 한다. 나머지 시간은 충분히 휴식을 취한다. 나머지 시간은 명상에 잠긴다. 나머지 시간은 가족, 여자친구와 시간을 보낸다. 나는 나 스스로를 위해 하루를 살고 있다.

요약 ———————————————————————————————

· 회사원의 일주일은 월~금, 주말로 나뉜다.

· 회사원의 삶은 나 스스로에게 쓸 시간이 없다.

· 회사원의 삶은 행복하지 않다.

· 회사원은 부자가 될 수 없다.

· 20대 때 빨리 퇴사해야 한다. 다시 한 번 말한다. 빨리 퇴사해야한다.

· 거지가 되더라도 퇴사하겠다는 마음을 먹으니 오히려 더 부해졌다.

월급으로만은
절대 부자가 될 수 없다

당신의 세후 월급은 얼마인가? 연봉이 3천만 원이던 연봉이 8천만 원이던 세금을 떼고 받는 당신의 월급은 크게 다르지 않을 것이다.

나는 회사에서 세후 260만 원정도 받았었다. 연봉은 3천대 중반이었다. 나는 수요일 저녁과 토요일 오후에 중학생 과외를 부업으로 했었다. 과외비까지 합치면 월 300만 원 조금 넘게 벌었었다. 이 정도면 회사원 연봉으로 말하면 4천만 원은 넘어가니 대기업 신입사원급 벌이는 되었던 거 같다.

그러면 그동안 모아둔 돈은? 나는 이렇게 번 돈을 제대로 모으지 못했었다. 나는 회사 생활 2년 넘게하면서 천만 원밖에 모으지 못했었다. 이유는 회사생활때문이었다.

"회사에서 돈을 번게 아니라 오히려 회사 때문에 돈을 모으지 못했다구?"

맞다. 오히려 회사를 다니니 돈을 모으지 못했다. 매일 출퇴근하느라 한달에 기름값으로 40만 원 이상을 썼다. 아마 자취하는 사람들은 이보다 더 많이 쓸 것이다. 또한 회사 주차장은 임원 전용이었기에 주변 주차장 임대료로 한달에 20만 원을 냈다. 회사에서 점심식사를 사먹는데 한 달에 10만원 이상을 썼다. 회사 다니면서 목, 허리가 너무 아파 재활치료를 받는데 엄청나게 돈을 많이 썼다. 회사 다니면서 얼굴에 여드름이 너무 많이 나서 피부과에 엄청나게 돈을 많이 썼다.

"누구나 다 아프다 참아라!"

우리 어머니가 하신 말이다. 나는 정말로 화가 났었다. 목, 허리가 너무 아픈데 돈을 아끼기 위해서 참으라구? 현대판 고문이 따로 없다.

회사원은 주말을 위해 산다. 왜 주말을 위해 사냐구? 유일하게 스트레스를 풀 수 있는 날이 주말이다. 금요일 밤만 되면 강남, 이태원에 사람들이 넘친다. 나는 주말 밤에 친구들, 여자친구와 스트레스를 풀었다. 술을 마셨다. 보드카, 샴페인을 마셨다. 대리를 불렀다. 역시 다 돈이다. 하지만 이 마저도 없으면 내 인생이 없을 거 같았다.

빨리 돈을 벌고 싶다. 하지만 내 월급은 답이 없다. 이런 생각이 들면 대부분의 회사원들은 투자를 한다. 말이 투자지 투기에 가깝다. 돈 넣고 내 돈 오르기 바라는 홀짝 게임과 같다. 내가 넣은 주식, 내가 넣은 코인의 가격이 오르길 바란다. 돈을 더 빨리 벌기 위해 테마주, 가상화폐에 돈을 넣는다. 결과는 대부분 예상하겠지만 처음에 조금 오르다가 어느덧 반토막이 나있다.

'나는 아닐 거야. 나는 나름 열심히 공부를 하고 투자를 한 거야. 나는 똑똑해.'

혹시 위와 같이 생각하는가? 누구나 다 이렇게 생각하고 처음에 시작한다. 나도 저렇게 생각하고 시작한 거다. 나는 학창시절 공부를 잘했다는 자신감에 내가 공부하고 넣으면 될 줄 알았다. 차트 관련 책 몇 권을 독파하고 웬지 내가 하면 잘 될 거 같았다. 나름 분석을 하고 돈을 넣었다. 결과는 무조건 손실이었다.

당연하다. 절대적으로 정보, 시간, 경험이 부족한 내가 내 돈을 노리는 사냥꾼들을 어떻게 이기겠는가?

조금 더 빨리 철이 든 회사원은 다른 방법을 쓴다. 바로 극단적인 절약이다. 내 주변에 회사다니면서 월급으로만 30살즈음에 1억을 모은 사람 2명이 있다. 그분들을 비방하는 것은 아니다. 어떻게 보면 존경스럽다. 하지만 나는 못할거 같다. 방법은 절약, 또 절약하는 것이다.

"하루에 500원도 아껴라."

"커피같은 거 마시면 안 된다."

"식사비를 아끼기 위해서 회사 다과실 빵으로 식사를 해결하라."

"여자친구(남자친구)는 사귀지 마라. 왜냐하면 데이트 비용을 아껴야 하기 때문이다."

"자동차는 물론 사면 안된다."

"휴대폰 요금제는 최소한으로 바꾸고 무조건 와이파이로만 인터넷을 해라."

위의 내용은 그분들에게서 듣고 본 방법들이다. 이렇게 5~8년 정도 월급을 모으면 젊은 날에 1억을 모을 수 있다.

하지만 문제가 생긴다. 결혼해도 이렇게 할 수 있는가? 아기 분유를 회사 다과실 빵으로 해결할 수는 없다. 결혼하면 나가는 생활비가 늘어난다. 자동차도 하나 사야 한다.

나이가 들어 회사에서 직급이 올라가면 세후 월급은 200~300만 원에서 500~600만 원으로 늘어나지만 오히려 저축은 더 못한다. 자녀 학비, 학원비, 집안 생활비, 대출금 이자 갚기 등등. 아직 나는 직접 경험해보지 못했지만 간접적으로 경험을 많이 했다. 우리 부모님, 회사 부장님들이 나에게 매일 말해주었기 때문이다.

"회사 의자가 불편하다. 허리가 아프다. 의자를 하나 바꾸고 싶다. 허리에 좋다는 S 브랜드 의자 가격을 보니 30만 원을 훌쩍 넘는다. 사는 걸 포기한다. 이번 달 자녀교육에 지출이 많았기 때문이다."

"몸이 요새 안 좋다. 휴직이라도 하고 당분간 쉬고 싶다. 하지만 휴직을 말하는 순간 영원히 회사를 쉬게 될거 같아 참고 회사를 다니고 있다. 다음 달 전세값을 집주인이 올려달라 한다. 어떻게든 전세값을 맞추어야 한다."

위의 사례는 내가 다녔던 회사 부장님들에게서 들은 말들이다. 나보다 월급을 2배 이상은 받을텐데 어떻게 30만 원정도를 못쓰냐구? 맞다. 30만원도 마음대로 못쓴다. 정확히 말하면 10만 원도 마음대로 못쓴다. 월급은 2배 이상 받지만 가족이 생기면서 지출은 3배 이상 많을거다.

이럴 때 부모님들이 자주 하는 말씀이 있다.

"대기업에 들어가거나 유명 외국게 기업에 입사하면 된다. 그러면 좀만 참고 일하면 억대 연봉이 될 수 있어."

우리 부모님이 나에게 자주 하시는 말씀이다. 억대연봉. 그러니깐 연봉 1억은 세금을 떼고 세후 월 650만 원 정도를 수령한다. 월 500만 원에서 월 650만 원으로 수입이 늘어난다고 내 생활수준이 달라질까? 그리고 그 650만 원을 벌기 위해서는 회사에 더 헌신하고 일을 더 많이 해야하지 않을까? 더 재미있는 사실은 억대연봉 그러니깐 월 650만 원 이상 버는 회사원이 흔치 않다는 사실이다. 2018년 12월27일 매일경제 기사를 보면 전체 근로자 중 4.0%가 연봉 1억원 이상이라고 한다. 다행히 그 상위 4.0%안에 들어 억대 연봉을 받더라도 4.0% 중 대부분이 40~50대가 아닐까? 40~50대에 월급 650만 원정도 받으면 나에게 쓸 수 있는 돈은 얼마일까? 그리고 그 돈을 받기 위해서 얼마나 일을 많이 해야 할까?

결론은 회사원은 절대 부자가 될 수 없다. 약간 명제를 바꿔보면 회사원으로는 젊은 날에 절대로 부자가 될 수 없다. 당신이 만약 회사에 20여년 충성하고 엄청난 스펙에 엄청난 운을 뚫고 대기업 임원이 되지 않는 이상 회사원 월급으로는 부자가 될 수 없다. 하지만 나는 내 인생을 회사에 걸고 싶지 않다. 그러한 노력을 차라리 내 스스로에게 투자하고 싶다.

요약 ────────────────────────────────

· 회사를 다니면 오히려 돈을 더 못 모은다.

· 극단적인 절약을 장기간 지속하면 월급만 받더라고 결혼 전에 조금 돈을 모을 수 있다.

· 나이가 들면 월급이 오른다. 하지만 나이가 들면 고정지출이 월급이 오르는 속도보다 더 빠르게 늘어난다.

· 회사원의 꿈 억대 연봉이라고 해봤자 실질적으로 얼마 차이가 나지 않는다.

· 당신이 엄청난 스펙을 지니고 있고 몇 십년동안 스스로를 회사에 헌신하고 아주 운이 좋으면 임원을 달고 나이들어 부자가 될지도 모른다.

앞으로 회사원은
점점 더 힘들어질 것이다

요즘 젊은이들을 N포 세대라고 한다. 연애, 결혼, 집, 여가생활 이런 것들을 다 포기한다고 한다. 다 돈이기 때문이다. 예를 들어 결혼하려면 결혼식, 신혼여행, 혼수, 집을 위해 엄청난 돈을 써야 한다. 하지만 돈이 없다. 왜냐하면 회사원 월급이 너무 적기 때문이다.

이를 반증하는 연구 보고서가 있다. 2019년 2월15일 세계일보 기사를 보면 남자는 돈이 없어서 결혼을 못한다하고 여자는 남자가 돈 없어 결혼 안 한다라는 연구 결과가 있다. 기사에 따르면 남자의 결혼 비용은 1억4천만 원에서 1억5천만 원, 여자는 4천만 원에서 5천만 원정도 든다고 한다.

'1억5천만원이라구? 장난하나? 내 월급 300만 원도 안되는데 어느 세월에 결혼전까지 1억5천만 원을 모아?'

대부분의 회사원들은 이런 생각일 것이다. 결국 있는 돈, 없는 돈 다 끌어모으고 대출까지 껴안아 결혼 후 대출을 갚아나가며 살아가야 한다. 더군다나 요새는 취업하기도 쉽지 않아 20대 때 소위 말하는 월급 300만 원 가량 벌기도 엄청나게 어렵다. 20대 때 소위 말하는 세후 월급 300만 원을 받으려면 엄청난 스펙을 갖고 대기업에 입사해야 가능한 일인데 그렇다 하더라도 1억 5천만 원을 어느 세월에 모으는가?

이런 경우에는 가능할 수도 있다. 당신이 엄청나게 근검절약하여 월급 300만 원 중, 월 200만 원씩 저축하여 1년에 2,400만 원씩 모으는걸 약 6년 정도 지속하면 가능하다. 남자를 예로 들어 대학교, 군대, 취업 준비 기간들을 합하여 28살에 취업해서 6년간 악착같이 모으면 34살 즈음에는 1억 5천만 원을 모을 수 있다. 하지만 이러한 경우에 해당하려면 다음과 같은 사실들이 뒷받침되어야 한다.

1) 당신은 엄청난 스펙을 지니고 있어야 한다. 명문 대학을 졸업하고 각종 공모전 수상경력과 어학, 기사, 컴퓨터 자격증 등 온갖 것을 갖추고 있어야 한다. 심지어 한자급수자격증을 공부하는 지인도 보았다. 과연 업무능력과 한자실력이 관계가 있을까?

2) 취업시즌에 당신의 전공과 관련된 혹은 당신이 지원할 수 있는 분야의 신입공채 인원이 많아야 한다. 당신이 대학에 입학할 당시에 인기 있었던 전공분야가 졸업 후 취업시즌에는 비인기 전공분야로 바뀔 수도 있다. 즉, 전공분야가 시대흐름과 잘 맞아야 하는데 미래예측 능력이 있지 않은 이상 상당부분 운에 의존할 수밖에 없다. 더욱 슬픈 사실은 대기업들이 신입공채를 줄이거나 아예 없애는 추세로 바뀌고 있다는 사실이다. 대표적으로 한 자동차그룹은 신입정기공채를 폐지하였다.

3) 가까스로 취업에 성공했지만 그다음부터 전쟁이다. 신입사원 연수, 출퇴

근지옥, 야근, 회식 등을 견디며 회사 생활을 6여년간 견뎌야 한다. 처음에는 누구나 할 수 있다고 생각하겠지만 쉽지 않다. 대졸 신입사원 1년내 퇴사율이 27.7%라는 2016년 한국경영자총협회의 연구자료도 있다. 기간을 6년으로 늘리면 저 수치는 훨씬 늘어날 것이다. 나 역시도 취업 전에는 평생 회사에 뼈를 묻는다는 각오로 입사했지만 입사 3개월만에 퇴사를 고민하게 되었다.

4] 전쟁같은 회사에서 살아남으면서 월급을 받으면 당신을 위해 쓰지를 못한다. 저축을 해야 하기에 자동차를 살 수 없다. 저축을 해야 하기에 연애를 할 수 없다. 저축을 해야 하기에 여행을 다닐 수 없다. 저축을 해야 하기에 싼 음식만 먹거나 도시락 또는 집에서 식사를 해결해야 한다. 저축을 해야 하기에 사고 싶은 물건이 있어도 참아야 한다.

5] 당신은 건강해야 한다. 전쟁 같은 회사를 계속해서 다니려면 체력은 필수다. 당신이 아프게 된다면 회사를 그만둬서 월급이 안 나오거나 병원비로 월급의 상당 부분을 써야 한다. 젊은데 왜 아프냐구? 나도 회사 다니면서 너무나 아팠다. 항상 병원을 달고 살았다. 퇴사한 지금은? 병원을 전혀 다니지 않고 있다. 거짓말처럼 아픈 곳이 사라졌다. 취업포털 '사람인'의 2014년 신입사원 퇴사 이유에서 질병은 7번째 순위로 나타났다. 결코 무시할 수 없는 수준이다.

위와 같은 모든 조건을 만족하는 초인의 경우, 겨우겨우 결혼자금을 마련할 수도 있다. 문제는 그 이후다. 월급 상승 대비 집값 상승률, 물가상승률이 엄청나게 빠르다는 것이다. 살날은 많이 남았는데 아무리 아끼고 저축해도 월급만으로는 살기가 힘들다.

대표적으로 월급 상승률 대비 집값 상승률을 살펴보자. 2018년 2월 25일 동아일보 기사를 보면 2000년부터 2016년 평균적으로 월급이 2배 오를 때 서울 집값은 3배 올랐다라는 연구 결과가 있다. 재미있는 사실은 연구 데이터에서 제외된 2017년, 2018년 집값이 엄청나게 폭등했었다. 아마 2018년까지 데이터를 적용하면 격차는 더 심해질 것이다.

물가 또한 매년 2% 이상 상승하는데 월급 상승률이 따라가지 못하고 있다. 적금을 해봤자 물가상승률을 따라가지 못한다. 오히려 실질이자율은 마이너스라는 뜻이다.

청년들을 절망에 빠지게 하는 것은 이러한 회사원 생활도 오래하기 힘들다는 사실이다. 2017년 취업포털 '인크루트'의 조사에 따르면 시가총액 상위 30대 기업들, 그러니깐 소위 말하는 청년들이 가고 싶어 안달난 대기업들의 평균 근속 연수는 10.7년이었다. 20대 후반에 취업하면 30대 후반이면 나온다는 말인데 100세 시대에 나머지 50년 이상은 어떻게 살 것인가? 나오면은 하청 중소기업에서 몇 년 더 다니던가 그마저도 안 되면 퇴직금을 받고 요식업, 쉽게 말하면 치킨집을 차려야 한다.

그렇다면 공무원은 어떤가. 최근 공무원이 되려는 청년들이 엄청나게 많다고 알고 있다. 노량진에 가면 공무원이 되기 위한 청년들도 붐빈다. 2019년 3월 매일경제 기사에 따르면 9급 공채시험 평균 경쟁률이 39.2 대 1이다. 즉 1명이 붙고 나머지 38명은 재수를 해야 한다는 뜻이다. 엄청나게 통과하기 힘든 관문이다. 설사 공무원이 된다 하더라고 공무원 월급으로는 아무리 아끼고 절약해도 돈을 모으기가 쉽지 않다. 대기업 신입사원은 월 300만 원이라도 받았지만 공무원은 그에 한참 못미치기 때문이다. 2018년 기준 9급 공무원 3호봉 실수령액은 185만 원 정도다.

하지만 공무원은 연금을 받으니깐 괜찮다구? 이마저도 과거보다 혜택이 훨씬 적다. 우선 60세부터 받았던 연금이 연금개혁이후 65세부터로 늘어났다. 즉 5년간 받을 수 있는 연금이 없어졌다는 뜻이다. 그럼 액수는? 물론 액수도 줄어들었다. 7급 공무원이 기준 1996년에 임용되어 30년을 다녔으면 월 243만 원을 받았다. 하지만 2016년 임용되어 30년을 재직하면 연금으로 월 157만 원을 받는다. 집값, 물가는 오르는데 공무원 연금은 오히려 줄었다.

대기업 입사도 아니고 공무원도 아니고 그러면 어떡할까? 답은 두 가지다. 그냥 아무 생각없이 사회 시스템에 순응하며 열심히 일하고 계속 허리를 졸라매며 일평생 사는 것과 사회 시스템에 순응하길 전면적으로 반대하고 다르게 사는 것이다. 물론 나는 후자를 선택했고 앞으로도 계속 후자를 선택할 것이다. 하지만 주변사람들은 계속 전자를 권하고 후자를 택하면은 이상한 사람 취급한다.

그래서 나는 책을 읽었다. 나는 성공한 자수성가 부자들의 책을 읽었다. 마치 뭔가에 홀린 듯 미친 듯이 읽었다. 2일에 한 권 정도 읽었다. 도서관에서 '부자', '부자되기', '자수성가'라는 키워드를 가진 책들을 닥치는 대로 빌려서 읽었다. 내기 빌린 책 리스트는 모두 부자라는 키워드를 지니고 있다. 그리고 나는 거기서 공통점을 발견했다. 자수성가 부자들은 모두 자기 삶을 스스로 주도했다.

그러니깐 부자들은 '시간적 공간적 선택권을 스스로 가지고 있었다.' 부자들은 '회사원이 아닌 스스로 가치를 창출하는 생산자 혹은 사업가였다.' 그리고 상당수의 부자관련 책 저자들은 퇴사를 권유했다. 그것도 아주 강력히 권유했다.

수퍼카 동호회를 가봐라. 과연 회사원이 있을까? 아무리 전문직이라도 회사원은 없다. 전문직은 월급 조금 더 많이 받는 회사원일 뿐이다. 그들은 월급이 조금 더 많다고 하더라고 시간은 더 없다. 당신이 월 1,000만 원을 버는 페이닥터이지만 주당 평균 100시간 일한다면 과연 행복한 삶일까? 나라면 월 300만

원을 벌면서 주당 10시간 일하는 것을 차라리 택하겠다.

요약 ───────────────────────────

· 청년들이 월급으로 결혼자금 마련하기란 엄청나게 어려운 일이다.

· 월급 상승률은 물가, 집값 상승률을 따라잡지 못한다.

· 공무원이 된다 하더라도 상황은 다르지 않다.

· 자수성가 부자들은 필수적으로 시간적 공간적 자유를 지니고 있다.

· 전문직은 월급이 조금 더 많은 회사원일 뿐이다. 하지만 시간은 더 없다.

나를 위해 일하는가
회사 사장을 위해 일하는가

회사에서 야근을 불사르며 열심히 일한다. 스스로가 뿌듯하다. 팀원 중에 내가 회사에 기여하는 성과가 제일 높은 것 같다. 이러한 경우 다음과 같은 질문을 할 수 있다.

'그런데 그러면 그만큼 돈을 더 주나?

절대 아니다. 회사에서 각종 성과급 등을 더 받으려면 혼자 열심히 한다고 되는 일이 아니다. 종사하고 있는 분야가 시대 흐름과 맞아 회사가 잘나가야 성과급을 받는 것이고 나 이외에 팀원 전체가 다 같이 성과가 좋아야 성과급을 받는 것이다. 그리고 그렇게 받는 성과급도 임원급이 아닌 이상 얼마 되지도 않는다. 중소, 중견기업은 1년에 몇백만 원 수준 탑티어 대기업이라 해봐야 1년에 1~2천만 원 수준이다. 그리고 1년에 한번 오르는 연봉이 일을 잘한다고 갑자기 2배가 되나? 절대 아니다. 아무리 잘해봐야 10% 올라가는 정도이다. 이 정도도 엄청난 상승률이다. 심지어 일을 열심히 하면 그에 합당한 보상을 주기는커녕 더 일을 몰아주기도 한다. 내가 입사 초기에 경험한 일이다.

또 다른 질문도 할 수 있다.

'열심히 일은 했는데 나 스스로에게 발전이 되는 일이었나?'

명문대학교, 심지어 석사까지 마쳤음에도 회사에 입사하는 순간 중학생도 조금만 배우면 할 수 있는 엑셀 작업, 워드 문서작업, 피피티 작업, 각종 영수증 처리, 회의록 작성, 출장 왔다갔다하는 일 등을 하는데 시간을 낭비한다. 치열한 입시교육을 뚫고 대학에 들어가 등록금을 들여가며 배운 것은 전혀 쓸모가 없다. 이러한 현상은 대기업, 공기업에 갈수록 더 심해진다. 집단 구성원이 커질수록 말단 사원들은 단순 반복 업무를 할당받을 확률이 커진다. 나 같은 경우 이러한 소위 말하는 잡일을 하는 거에 넌더리 나서 대기업 협력 중소기업의 연구소로 자청해서 이직했다. 그나마 거기서는 내가 전공한 분야로 일을 꽤 할 수 있었다. 사정이 좀 나아지긴 했지만 그래도 근무시간의 절반 정도는 소위 말하는 잡일을 해야 했었다.

그러면 대학은 왜 가는가? 말 그대로 간판이다. 대학에서 전공하는 학문을 배우러 가는 게 아니라 졸업장 간판을 들고 취업하기 위해 가는 것이다. 아이러니 할 수밖에 없다.

회사의 사장은 본질적으로 최대한 많이 사원들을 이용해서 이윤을 추구하려 한다. 즉, 사원들을 교육시키기 보다는 업무에 빠르게 투입될 수 있는 정도만 가르치고 그 다음에 무한정 이윤추구의 도구로 삼는 것이다. 나는 회사에서 배우는 기간은 입사하고 3~6개월 정도라고 생각한다. 이 기간 동안에는 새로운 업무를 위해 어느 정도 배울 수 있다. 하루하루 재밌고 성장하는 느낌이 든다. 하지만 이 기간이 지나가면 하루하루가 반복되는 일이다. 재미가 없다. 기계가 된거 같다. 깊게 생각하는 능력이 필요가 없게 된다. 나는 길지 않았지만

3군데 회사를 다녀봤다. 기간과 정도의 차이는 있지만 모두 같은 경험을 했다. '나만 겪는 거라고?' 역시나 내 주위 회사원들의 공통된 의견이다. 그들이 대기업이던 공기업이던 중소기업이던 모두 비슷한 말을 한다.

카이스트 학부와 석사를 마치고 국내 최대 글로벌 기업에 입사한 지인이 말한 게 떠오른다.

'회사에서 생각을 하지를 못하게 해. 그냥 나는 기계처럼 위에서 하라는 것을 할 뿐이야. 머리를 쓸 일이 없어.'

국내 엘리트들의 산실이라는 카이스트 출신의 신입사원을 국내 최대 회사에서는 기계 부품처럼 사용하고 있었다.

나는 여기에 저항했다. 나는 회사에서도 내 성장을 포기할 수 없었다. 회사 점심시간, 쉬는 시간에 전화영어, 단어 외우기에 매달렸으며 근무시간 틈틈이 관련 전공서적과 논문을 읽었다. 팀원들이 아니꼽게 쳐다봤지만 무시하고 나는 공부하였다.

'명색이 기업 연구소의 연구원인데 당연히 책과 논문을 계속 읽으면서 성장해야 하는 거 아닌가?'

하지만 역시 저항에 부딪쳤다. 사장이 나의 이러한 행동을 알고 불만을 품었기 때문이다. 나는 결국 잦은 지각과 자리비움을 빌미로 인사위원회에 결부되었으며 회사 사장 및 임원들과 대면을 하였다. 인사위원회 당시 사장이 나에게 한 말이 아주 선명히 기억에 남는다.

'회사가 학교인가? 사원은 회사에 성과를 내야 하고 회사는 그 보답으로 월급을 주는 곳이지. 회사가 본인 이익을 위해 다니는 곳은 아니야.'

그렇다! 사장은 내가 공부하는 게 굉장히 불만이었던 것이다. 내가 책과 논문을 읽으면서 성장하는 게 회사 이윤 추구에 도움이 안된다고 생각했기 때문이다.

　나는 결론에 이르렀다. 회사에서 내가 원하는 성장을 하기에는 불가능하구나. 회사를 옮기고 자투리 시간을 아껴가며 공부하려했지만 마치 오래된 엔진오일로 계속해서 가속페달을 밟는 것과 같다는 생각이 들었다. 그냥 엔진오일을 갈으면, 즉 퇴사하면 성장할 수 있겠구나 라는 결론에 이르렀다.

　나는 회사 생활을 약 2년 조금 넘게 했다. 그리고 전공 관련해서 그 2년여간 배운 것 보다 퇴사 이후 3개월간 배운 게 더 많다고 생각한다. 회사 다니면서는 공부를 하고 싶어도 시간이 없고 피곤해서 하지 못했지만 퇴사를 하니 시간이 넘쳤다. 체력이 넘쳤다. 편히 쉬고 놀아도 공부할 시간이 넘쳤다. 하루에 2~3시간 피곤함을 무릎 쓰고 눈치 보면서 틈틈이 했던 공부를 7시간 동안 편하게 집중해서 할 수 있었다.

　또한 견문이 넓어졌다. 회사 다닐 때에는 회사 안이 전부인 거 같았는데 퇴사하니 다양한 사람, 다양한 분야가 눈에 들어왔다. 내가 하고 싶고 재밌는 분야를 마음껏 공부할 수 있었다.

　독서도 많이 할 수 있었다. 1달에 1~2권 겨우 읽던 내가 2일에 한 권은 거뜬히 읽고 있다. 비결은? 시간이 많기 때문이다. 퇴사를 하니 독서할 시간이 무한정 늘어났다.

　나는 하루 24시간을 온전히 집중해서 나를 위해서 사용하고 있었다. 회사를 다니면 꿈도 못꾸는 현상이다. 회사를 다니면 많아봐야 하루에 4시간정도 나를 위해 쓸 수 있다. 그것도 매우 피곤한 상태로 말이다.

　'잠자는 시간은 나를 위해 사용하는 시간이 아닌가요?' 라고 반문할 수도 있다. 회사원은 취침 시간도 자기 시간이 아니다. 본인이 자고 싶어서 자는가 아니면 다음날 출근해야 되기 때문에 억지로 자는가? 잠을 충분히 잘 수는 있는가? 아침에 더 자고 싶다고 더 잘 수 있는가? 잠을 자려하는데 단체 톡방에서 일과 관련한 메시지를 받지는 않는가? 회사원은 잠자는 시간도 온전한 본인 시간이 아니다.

국내 발전 공기업에 다니던 지인이 퇴사한 이유를 말했던게 기억이 난다.

"밤에 단체톡방이 계속 울려요. 그것도 톡방이 여러 개라 너무 많이 울려서 잠을 잘 수가 없어요. 너무 스트레스 받아요."

은행에 다녔던 다른 지인의 말도 생각난다.

"새벽에 상사로부터 메시지가 날라와요. 안 읽은척 답장을 안 하면 팀 구성원이 있는 단체톡방에 다시 메시지가 올라와요. 결국 내가 답장을 안하면 다른 구성원들에게 피해를 주기 때문에 어쩔 수 없이 답장을 해야 되요."

실소를 금치 못한다. 집에 와서까지 회사에 매여있을 수밖에 없는 현실이다.

반면 나는 내가 원하는 시간에 잠자리에 들어 내가 원하는 시간에 일어날 자유가 있다. 잠자는 시간에는 아무것도 방해받지 않고 충분히 휴식을 취할 수 있다. 퇴사했기에 가능한 일이다.

요약 ────────────────────────────

· 회사에서 열심히 일을 해도 합당한 보상을 받을 수 없다.

· 회사에서 하는 많은 일들은 중학생도 할 수 있는 단순 업무다.

· 회사에서 개인의 발전을 도모하기란 매우 힘든 일이다.

· 회사에서 개인의 발전을 도모하면 곧 타인들로부터 저항에 부딪힐 것이다.

· 퇴사를 하면 나 자신을 위해 하루를 온전히 집중할 수 있다.

· 회사원은 잠자는 시간조차 자기 시간이 아니다.

회사 생활이 행복한가?

예전에 회사 다니면서 국책연구과제를 했었는데 그때 당시 같은 과제 참여기업이었던 중견 IT회사 직원들과 회의 후 저녁 식사를 하였다. 그 당시 한 직원이 했던 말이 떠오른다.

"우리 회사 직원들은 평균적으로 저녁 10시에 퇴근합니다. 특히 저는 일을 더 오래해요. 최근에는 회사에서 2박 3일 동안 집에 안 가고 일한 적도 있습니다. 할 일이 너무 많아요. 야근을 안 하면은 다 마칠 수가 없어요."

'그러면 야근 수당은? 인센티브는?'

물론 없다고 답변이 왔다. 그러면 연봉은 높을까? 그 회사 다른 직원에게 월급을 물어봤지만 해당 회사 직원들의 평균 연봉은 낮았다. 신입사원급은 세후 기준 월 200만 원 조금 넘게 받는다고 했다.

월 200만 원 정도 받으면서 매일 저녁 10시까지 야근하고 심지어는 회사에서 잠을 자기도 하는 어처구니 없는 대우를 그 회사 직원들은 당연하다시피 여기고 받아들이고 있는 것이다.

한 번은 회사 사장이 회의에 같이 참석했다. 그때의 기억이 선명해서 잊을 수가 없다. 사장이 회의에서 발언할 때 해당 회사 직원들은 교무실에 끌려가는 학생처럼 고개를 떨구고 듣고만 있었다. 사장이 일의 성과를 독려하며 꾸짖을 때 아무 말도 못하고 있었다. 얼굴에는 수심과 두려움이 가득해 보였다. 회의 도중 사장이 선약이 있다고 먼저 자리에서 일어났다. 그러자 갑자기 회사 직원들의 표정이 밝아지면서 말이 많아지기 시작했다. 아까까지는 한마디도 없던 직원들이 갑자기 신나게 말하기 시작했다.

'위의 사례는 대기업이 아니라서 그래요. 대기업은 복지가 훌륭해요!'

만약 이렇게 생각하는 사람이 있다면 다른 사례를 들려주겠다.

국내 유명 재벌 그룹에 다니는 중학교 동창이 있다. 건국대 공대를 졸업하고 계속되는 취업탈락 중에 기적적으로 해당 그룹에 합격했다. 일본인 여자친구를 5년 동안 만나면서 일본어 실력을 키웠는데 해당 그룹이 일본어 우수자를 우대하여 뽑힌 것이다. 그 친구가 가장 힘들어하는 것은 출퇴근도 아니고 야근도 아니었다. 바로 회식이었다. 회식을 절대로 안 가면 안 되는 분위기 속에 매일 회식 자리에 억지로 끌려간 후 다음 날 아침에 또 출근을 해야 했다. 주말에는 회사직원들 결혼식에 끌려다니느라 주말에도 본인 시간이 없었다.

다른 사례를 들려주겠다. 나와 소개팅을 했었던 은행 직원이었다. 국내 최대 은행의 본점에서 일하고 있었다. 소개팅 후 호감이 있었던 나는 그 이후 애프터를 신청했고 몇 번 더 만났었다. 그녀도 역시 매일같이 야근에 시달리고 있었다. 야근뿐만 아니라 주말에도 회사에 나가는 일이 잦았다. 한번은 퇴근 후에 사무실 앞에서 잠깐 밥을 먹기로 했는데 만나기 30분 전에 연락이 왔다.

"부장님이 갑자기 회식하자해서 오늘 같이 식사 못할 거 같아요. 죄송해요."

내가 선약이 있으니 오늘 회식은 안 가겠다고 말하라 했더니 도저히 그럴 분위기가 아니라 못하겠다고 한다. 하긴 여름휴가 신청하고 유럽 여행권까지 예약한 것을 휴가 1주일 전에 일 많다고 취소하고 가지 말라고 하는 회사이니 말 다했다. 그리고 연차는 절대 쓸 수 없다고 아파도 회사 가서 쓰러지면 앰뷸런스를 불러준다고 한다. 듣고 할 말이 없었다.

일하는 게 행복한가? 사장이 말하면 무조건 '네네' 하면서 복종하고 야근하고 밤을 새가며 일하는 게 행복한가? 피곤한데 억지로 술을 마시며 상사의 말에 맞장구를 쳐주는 게 행복한가? 아픈데도 쉬지 못하고 회사에 가는 게 행복한가?

부디 위의 질문들에 '네.' 라고 대답하는 사람이 없길 바란다.

회사에서는 자율적인 선택권이 박탈당한다. 내가 집에 가고 싶어도 야근해야 한다. 내가 집에 가고 싶어도 회식에 참여해야 한다. 하고 싶은 말이 있어도 상사의 눈치를 보며 하지 못한다. 내가 하기 싫은 일을 억지로 해야 한다. 쉬고 싶어도 출근해야 한다. 인간은 선택의 자유가 커질수록 행복을 느낀다. 하지만 회사에서 개인의 선택의 자유는 굉장히 축소된다.

다시 한번 말하지만 내 삶의 주인은 나다. 왜 타인을 위해 살아가는가? 왜 타인을 위해 고통받으면서까지 나를 희생하는가?

회사 사장이 무서운가? 그도 똑같은 사람이다. 나도 사장정도 나이가 되었을 때에는 사장보다 훨씬 더 위대한 사람이 될 자신이 있다. 사장은 아무것도 아니다. 그저 나보다 나이가 더 많기 때문에 저 자리에 있는 것이다.

사장에게 부당한 대우를 받는다면 바로 따져 물을 수 있어야 한다. 조선시대와 같이 왕과 신하가 존재하는 사회가 아니다. 만인이 평등한 법 앞에 논리적이고 합리적인 대우를 요구해야 한다. 하지만 불행하게도 회사에서 이러한 태도를 보였다가는 금방 낙인 찍히기 마련이다. 따라서 퇴사하면 된다. 현대판 노예를 강요하는 회사를 나가면 그만이다. 어차피 회사 월급이 많은 것도 아니지 않는가?

독자들도 부디 나 자신의 행복을 위해 살았으면 좋겠다. 회사 월급 때문에 나의 시간, 건강, 행복을 잃지 않았으면 좋겠다.

요약 ────────────────────────────────

· 중소기업이던 대기업이던 회사의 삶은 행복하지 않다.

· 회사에서는 선택의 자유권이 작다.

· 사장은 나와 별반 다른 사람이 아니다. 단지 나보다 나이가 많아 저 자리에 있는 것이다.

· 회사에서 합리적인 대우를 요구하면 바로 낙인찍히기 마련이다.

· 월급 때문에 내 행복을 포기하지 마라.

제2부
퇴사하라

퇴사하라
다시 한 번 말한다
지금 당장 퇴사하라

누구나 언젠가는 퇴사한다. 나이가 들어 정년이 되어서 퇴사하거나 회사에서 무언의 압박을 받아서 퇴사하거나 건강이 안 좋아져서 퇴사하거나 어느 방식으로던 언젠가는 퇴사를 하기 마련이다. 하지만 나는 지금 당장 퇴사하라고 말하고 싶다. 최대한 빨리 회사에서 벗어나야 한다. 회사에서 보내는 하루하루가 너무나 아깝다.

내가 지금 당장 퇴사하라고 하면 흔히 다음과 같은 반박을 듣게 된다.

"나도 퇴사하고 싶어. 그런데 그러면 돈은 누가 줘?"

"퇴사하기 전에 회사에서 최대한 많이 배워야 돼! 그래야지 퇴사를 하더라도 나 혼자 스스로 뭔가를 할 수 있어!"

"회사에서 인맥을 구축하고 사업 아이템을 최대한 많이 물색해야 돼! 그런 다음에 퇴사해서 사업할 거야!"

우선 첫 번째 질문부터 답을 하겠다. 이전 장들에서 거듭 말했지만 어차피 회사원 월급으로는 살아가기 힘든 세상이다. 한 번 회사원 월급에 길들여지면 평생을 돈 때문에 고민하고 걱정하고 아픈 데도 일을 해야 하고 상사의 눈치를 봐야하고 억지로 야근을 해야 하는 삶을 살아야 한다. 더욱이 퇴직 이후에는 정말로 치킨집을 차리는 거 밖에는 할 수 없는 지경에 이를 수도 있다.

그런데 만약 당신이 결혼은 한 외벌이 가장이고 자녀가 2명이나 되어 한달이라도 월급이 끊기면 안 된다면? 당신이 이미 40대 중반을 넘어서서 체력과 두뇌회전이 젊은 날과 같지 않다면? 아쉽지만 이와 같은 상황에서는 지금 당장 퇴사하라고 쉽게 말하기 어렵다. 그래서 이 책 제목이 '20대여, 퇴사하라' 이다. 20대 때에는 아직 부양해야 할 가족이 없으며 체력도 좋고 뭐든지 빨리 배울 수 있는 나이이다. 20대 때에는 월급이 안 들어와도 나 하나 거지처럼 산다는 각오를 하면 된다.

그리고 오히려 거지가 되도 퇴사하겠다라는 마음을 먹으면 오히려 부해진다. '마치 죽으려 하면 살 것이요, 살려 하면 죽을 것이라.' 라는 이순신 장군의 어록과 같다. 배수의 진을 쳐야 한다. 대오각성을 해야한다. 회사에 대해서 분노하며 스스로 자립을 해야 한다.

두 번째 질문에 대해서 답을 하겠다. 내 주변에 이런 친구들이 많다. 본인도 퇴사를 한 후 자립해서 살고 싶지만 그래도 회사에서 배울 게 있다는 불평이다. 분명히 회사에서 배울 것은 있다. 하지만 그 배움의 정도가 많은가? 하루 근무시간 중 과연 몇 시간이나 배우는 것과 관련이 있는가? 출퇴근하며 길에서 버리는 시간, 회의실에서 임원들의 말을 훈화처럼 회의록에 받아적는 시간, 열심히 도형을 그려가며 피피티 문서를 만드는 시간, 영수증 처리를 하며 회사 인트라넷에서 키보드를 두들기는 시간, 회식하는 시간 등등. 이런 것들이 과연 배움과 조금이라고 관련이 있을까? 회사에서 보내는 대부분의 시간이 배움과 전혀 관련 없고 고작 아주 조금씩 무언가를 배우는 거 때문에 계속 매여 있는가? 나는 회사 생활을 2년 넘게 하면서 배운 것보다 퇴사하고 3개월 동안 배운 게 더 많다. 매일매일 새로운 지식들을 폭발적으로 받아들였다. 그러면 어디서 배우냐구? 널린 게 배울 수 있는 기회다. 읽을 수 있는 책이 사방에 널려 있으며 구글에 검색하면 각종 정보가 널려 있다. 미국 유수 대학의 강의를 코세라나 유데미를 통해 쉽게 접할 수 있다. 노력만 하면 의지만 있다면 배울 기회가 너무나 많다. 이런거에 다 돈이 필요하다구? 전혀 필요없다. 구립 도서관에 가면 읽을 수 있는 책이 널려 있다. 나는 우리 동네 구립 도서관, 학교 도서관에서 책을 자주 빌려 본다. 코세라, 유데미 강의는 단돈 2~5만 원 정도면 다 들을 수 있다. 2~5만 원에 양질의 강의를 들을 수 있다니 이 얼마나 행복한 세상인가? 당신이 회사 다니면서 길에서 흘리는 기름 값 1달만 아껴도 강의 몇 개는 들을 수 있다.

세 번째 질문에 대해서 답을 하겠다. 회사에서 일을 하다가 얻을 수 있는 사업 아이템, 혹은 회사 다니면서 만나는 인맥이 있어야 퇴사 이후에 스스로 자립할 수 있다는 변명이다. 그래서 그전까지는 회사에 계속 있어야 한다고 변명한다. 과연 그럴까? 오히려 회사라는 울타리에 갇혀서 제한된 영역의 것들만 경험하는 게 아닐까? 회사를 다니면 회사 업무만 하게되고 회사 안의 사람들만 어울리게 된다. 좁은 영역의 지식과 한정된 사람들과 어울리는 게 과연 사업 아이템, 인맥에 도움이 될까? 나는 퇴사하고 몇 가지 사업 아이템을 바로 찾았다. 어떻게 찾았냐구? 시간이 많다 보니 적극적으로 다양한 분야를 접하고 다양한 사람과 어울리다보니 아이디어가 생겼다. 다양한 책을 읽고 다양한 논문을 읽고 수업을 듣고 다양한 사람들과 대화를 하다 보니 자연스럽게 생각이 커지고 아이디어를 얻었다. 그리고 그 과정에서 뜻이 맞는 사람들을 찾아 협업하여 수익 창출을 하고 있다.

한 가지 필자의 예를 들어보겠다. 이전 회사에서 나는 이상탐지분석만 계속할 수 밖에 없었다. 내가 맡은 고객사가 그것을 요구했기에 나는 회사가 시키는 그 일만 할 수밖에 없었다. 그러나 나는 퇴사하고 내 전공인 빅데이터 분석과 관련하여 다양한 분야의 책과 논문을 읽었다. 그러던 중 추천 알고리즘이 상당히 재미있어 그 분야에 대해서 더 깊게 공부하였다. 우연히 추천알고리즘 관련해서 기업 의뢰가 들어와 실제 데이터로 코딩을 해보며 실력을 강화하였다. 그러다가 스타트업 대표인 학교 선배와 카페에서 대화 도중 추천알고리즘을 쇼핑몰에 납품하자고 뜻을 모았다. 마침 선배의 지인이 쇼핑몰 대표였기에 그 쇼핑몰에 추천알고리즘을 바로 적용해보았다. 나는 추천 알고리즘만 제공했을 뿐인데 월세처럼 매달 돈이 들어왔다. 그리고 학교 선배가 열심히 영업을 하면서 추천알고리즘을 납품할 쇼핑몰 대상을 하나씩 늘려나가고 있다. 쇼핑몰 하나가 추가될 때마다 나에게 들어오는 월 수익이 늘어나고 있다. 현재 10개정도 쇼핑몰에 납품한 상태이다. 현재 월 200만 원정도를 수익으로 얻고 있다. 향후 100개 이상을 목표로 하고 있으며 그렇게 되면 내가 얻을 예상 월 수익은 1,000만 원 이상이다. 나는 아무것도 안 하지만 정확히 말하면 약간의 유지보수만 해주어도 돈이 들어오는 구조이다.

우연이었다구? 운이 좋았다구? 정확히 말하면 퇴사를 했기에 운이 좋을 확률을 높인 것이다. 퇴사를 했기에 추천알고리즘에 대해 공부할 시간이 있었다. 퇴사를 했기에 추천알고리즘 관련 프로젝트를 접할 수 있었다. 퇴사를 했기에 스타트업 대표 지인과 낮에 카페에서 사업구상에 관해 토론을 벌일 수 있었다. 퇴사를 했기에 추천 서비스를 여러 쇼핑몰에 납품할 시간이 있었다. 회사를 계속 다녔으면 이러한 우연, 즉 운을 벌 기회조차 없었을 것이다.

회사가 필요한 이유를 변명으로 말하며 자기 합리화를 하는 사람들이 너무 많다. '조금만 더 회사에 있다가 퇴사할 거다.' 라고 말한다. 도대체 그 조금만이 언제인가? 조금만 있으면 결혼도 하고 아이도 낳고 체력도 약해져서 점점 더 퇴사하기 힘들어진다. 지금 당장 결단해야 한다. 지금 바로 퇴사해야 한다. 젊을수록 유리하다. 아직 신입사원일 때가 좋다. 빨리 퇴사할수록 기회가 더 열린다. 빨리 퇴사할수록 더 빨리 부자가 될 수 있다. 당신이 만약 아직 취업하기 전인 취준생 혹은 학생이라면? 축하한다. 이 책을 보고 취업할 생각을 빨리 버려라. 공무원 시험 공부할 생각을 빨리 버려라. 취업할 생각은 얼씬도 하지 말아야 한다. 별로 필요 없는 자격증 공부할 시간에 독서를 해라. 내 말이 믿기지 않는다구? 그러면 한번 취업해 봐라. 취업해서 직접 느껴봐라. 느끼고 화나고 각성한 이후에 퇴사해라. 오히려 더 좋은 자극제가 될 수도 있다.

요약 ————————————————————————

· 거지가 되더라도 퇴사하겠다라는 마음을 가지면 오히려 부해진다.

· 퇴사하면 회사에서 배우는 것보다 엄청나게 많이 배울 수 있다.

· 회사원은 좁은 영역의 업무만 반복하고 좁은 영역의 사람들만 만난다.

· 퇴사를 하면 인생의 운의 확률을 높여 기회를 잡을 수 있다.

· 빨리 퇴사하라. 젊을수록 좋다. 빠르면 빠를수록 좋다.

· 당신이 아직 미취업자라면 지금 당장 취업이라는 단어를 머릿속에서 지워라.
  내 말이 믿기지 않으면 취업해본 후 직접 느껴봐라.

회사에서 배우는데에는
한계가 있다

　이전 장들에서 꽤 많이 언급하였지만 이번 장에서 더욱 자세히 설명해 보려한다. 생각해 봐라. 당신이 사장이다. 매달 직원들 월급 주는 날이 사장 입장에서는 굉장히 불편할 것이다. 직원 한명 월급은 몇백만 원수준이지만 직원이 10명만 넘어가도 벌써 몇천만 원이 된다. 본인이 매달 피같은 돈을 월급으로 주는데 당연히 사원들은 그거 이상으로 회사에 기여를 하길 원한다. 정확히 말하면 여기서 기여란 물질적 이익을 창출해주길 원하는 것이다. 사장은 자선사업가가 아니다. 최대한 적게 월급을 주면서 최대한 많이 이익을 얻길 원한다. 인간이란 어쩔 수 없다. 본인의 이익을 최대화하려는 이기심이 항상 발동하기 때문이다. 사장은 부모님이 아니다. 아무 대가없이 자식이 잘되기 위해서 초중고시절 열심히 학원비를 대주던 부모님이 아니란 말이다. 즉, 회사원이 되는 순간 최소한의 월급으로 최대한의 이윤을 창출하도록 강요받는 것이다.

　그러면 신입사원 교육은 무엇인가? 배울 수 있지 않은가? 이는 단지 회사 업무에 최대한 빨리 적응하고 회사에 이윤을 창출해주기 위해서 최소한의 교육을 받는 것이다. 신입사원은 최소한의 업무에 필요한 스킬을 빠르게 배우고 기계처럼 회사의 이윤창출 도구로 전락한다.

회사에 가서 부장급들과 업무를 하다 보면 깜짝깜짝 놀랄 때가 있다. 부장님들에게는 미안한 말이지만 책의 이해를 돕기 위해 사례로 들려주겠다. 나는 부장님들과 업무를 하다보면 답답할 때가 한두번이 아니다. 물론 단순 행정처리는 문제없지만 전공지식을 깊게 들어가면 부장님들은 아는 게 거의 없었다. 부장님들이 학교 다니면서 배웠던 지식들은 지금 시대에는 거의 쓸모가 없는 지식들 뿐이다. 특히 급변하는 현대 사회이기에 앞으로 이러한 현상은 더욱 가속화 될 것이다. 더욱 재밌는 사실은 그 부장님들도 학창시절에는 굉장히 공부를 잘했다라는 사실이다. 서울대, 포항공대 석사까지 하신 분들이 전공 업무를 거의 하지 못한다고 하면 믿기겠는가? 하지만 맞다. 그들은 거의 하지 못했다. 그저 영업, 관리, 행정업무에 집중하고 있었다.

그러면 왜 이런걸까? 계속 공부를 하지 않았기 때문이다. 20여년 전에 대학교에서 배운 지식들은 지금은 전혀 쓸모가 없다. 계속 공부를 하고 새로운 학문을 익혀야 하는데 그러지 못했던 것이다. 그러면 게을러서 그런걸까? 아니다 대한민국의 회사원은 누구나 다 부지런하다. 정확히 말하면 부지런할 수 밖에 없다. 열심히 살지 않으면 먹고살기조차 쉽지 않는 시스템이기 때문이다. 하루종일 업무, 회의, 회식, 출퇴근 지옥에 시달리면 누구보다 열심히 살았지만 공부할 시간이 없다. 공부를 하고 싶어도 시간이 없고 체력이 안된다.

회사 다니면서 부장님이 회식 자리에서 한 이야기다. 회사원으로서 공부하기가 얼마나 힘이 들지 공감이 된다.

"기술사 공부를 하려고 하루 3시간 자면서 공부를 했어. 퇴근하고 새벽까지 집에서 공부하고 또 출근하는 것을 몇 달 반복했더니 머리 빠지고 코피 나고 더 이상 못하겠더라구. 회식 끝나고 집에 오면 집중도 안 되고 나이드니 체력도 안 되서 포기했어."

공부는 필수다. 열심히 오래 앉아서 일만한다고 효율이 좋아지지 않는다. 무딘 도끼로 도끼질을 여러 번 하는것보다 도끼의 날을 간 후 손쉽게 나무를 베어야 한다.

나도 회사 다니면서 공부를 하려고 노력했다. 처음에는 출근 전, 퇴근 후 회사 근처 도서관을 이용했다. 새벽 5시에 일어나 아침에 공부하고 퇴근 후 저녁 9시 넘어서까지 공부하였다. 회식은 참여하지 않았다. 다행히 내가 다녔던 2번째 회사는 회식을 강요하지 않았다. 대한민국에서 쉽게 찾지 못할 문화이다. 이 부분에 대해서는 그 회사와 그 당시 팀원들에게 고마운 마음을 지니고 있다. 무튼 이러한 생활을 3개월 정도 하니 몸에 반응이 왔다. 우선 매일 피곤하였다. 정신이 멍하였다. 업무시 간에 멍하니 앉아있거나 조는 경우가 많았다. 몸도 좋지 않았다. 목이 아팠다. 잇몸이 아팠다. 피부에 뭔가가 나기 시작했다.

그래서 나는 전략을 바꿨다. 회사에서 공부를 하자였다. 잠은 충분히 자고 회사에서 틈틈이 공부를 하자였다. 비록 공부하는 시간이 이전보다는 줄겠지만 집중해서 공부하자는 생각을 하였다. 어차피 대한민국의 대다수 회사원들은 근무시간 중 많은 시간을 인터넷 서핑, 카카오톡 대화, 커피 마시기, 흡연하기등의 시간으로 보내지 않는가? 나는 그러한 시간을 아예 없애 그 시간에 공부하고 또 업무에도 집중하며 일도 뒤처지지 않을 자신이 있었다. 매일같이 새로운 전공서적이 회사 내 자리에 택배로 왔으며 회사 프린터는 내가 보는 논문으로 출력이 가득하게 되었다. 문제는 나의 이러한 행동을 주변에서 곱게 보지 않았다. 나는 연구소와 관련한 업무 지식을 쌓는 거였고 남들 커피 마시고 흡연하는 시간에 나는 공부하는 거라 아무 문제 없다고 생각했다. 그러나 팀원들은 뭔가 아니꼽게 본 듯했다. 그래도 그건 큰 문제가 되지 않았는데 사장도 나의 이러한 행동을 알아 큰 문제가 되었다. 그래서 이전 장에도 말했듯이 사장과 나는 면담을 하였고 사장은 직접적으로 나에게 불만을 표했다.

"회사가 학교입니까?"

지금 와서 생각해보면 내가 사장이라도 못마땅했을 것이다. 피같은 돈이 나에게 매달 나가고 있는데 회사 프린터 토너 값만 축내며 공부하는 모습이 기분 좋을 리는 없을 것이다. 내가 업무를 잘하던 못하던 사장 입장에서는 내 태도가 회사에 기여할 마음이 없다고 판단했나 보다.

결국 악순환인 거다. 회사를 가면 공부를 못하고 공부를 못하게되면 할 수 있는 게 없어진다. 그러면 결국 회사 다니는 거 말고는 기댈 곳이 없어 어쩔 수 없이 회사를 계속 다니게 된다. 거기다 결혼까지 하고 부양해야 할 가족이 생기면 정말로 옴짝달짝 할 수밖에 없다.

그런데 퇴직하면은? 나랑 대화를 나눴던 40대 후반의 부장님들 모두 퇴직을 걱정하고 있었다. 본인들이 회사를 다닐 시간이 얼마 안 남았다는 걸 그들도 알고 있었다. 하지만 퇴직을 하면 할 수 있는 게 얼마 없다. 그동안 20년 넘게 회사를 다녀는데 모아놓은 돈도 얼마 없다. 그래서 결국 퇴직 후에는 특별한 기술이 필요없는 치킨집, 커피숍, 편의점으로 몰리는 것이다. 하지만 결국 프랜차이즈 회사 대표만 배불러주는 구조고 결코 살아남기 쉽지 않다. 2016년 11월 3일 조선일보 기사를 보면 3년이내 폐업률 1위는 치킨집(38%), 3위가 커피숍(36%)로 나온다. 2018년 12월 20일 뉴스래빗을 보면 최근 10년내 개업한 편의점 중 절반(50.2%)가 폐업했다고 한다. 프랜차이즈 회사에서 돈을 더 벌기위해 마구잡이로 가게를 열어주고 은퇴한 가장들은 이를 마구잡이로 받아들여

창업하면서 과도한 경쟁으로 대부분 소위 망하는 것이다. 차라리 가만히 있는 게 더 낫다. 가만히 있으면 그나마 모아놓은 것을 잃지는 않기 때문이다.

첫 직장에서 모셨던 부장님이 등 떠밀려 회사를 나가게 되면서 나에게 한 말이 떠오른다.

"회사 생활 20년 넘게 했는데 아직 집 한 채 없어. 월급 받으면 항상 적금하고 검소하게 살았는데 집주인이 올리는 전세 값을 대는 것도 벅차. 회사 나가면 손가락만 빨고 지내야할 거 같아."

다행히 퇴사 후 다른 회사에 취업을 하신 걸로 들었다. 그 당시 부장님은 IMF 탓을 했다. 명문공대를 졸업하고 처음 취업한 대기업이 IMF로 부도나면서 본인의 인생이 꼬였다고 했다. 누구보다 사장의 말을 잘 듣고 일을 열심히 하는 분이셨다. 본인은 항상 열심히 했지만 사회가 문제였다는 식으로 말했다. 하지만 나는 다르게 생각한다. 부장님이 너무 열심히 회사에 충성했기 때문이다. 너무 회사에 충성해서 월급이 전부인 줄 알았고 너무 회사에 충성해서 부당한 대우를 받아도 참고만 있었고 너무 회사에 충성해서 스스로 자립할 생각을 하지 못했기 때문이다.

요약

· 회사에서 가르치는 교육은 최대한 뽑아먹기 위한 최소한의 교육이다.

· 회사는 최소한의 월급으로 최대한의 이윤을 기여하길 원한다.

· 회사원은 공부할 시간, 체력이 절대적으로 부족하다.

· 똑똑한 인재도 회사생활 몇 년하다보만 머리가 굳는다.

· 나이들어 퇴직하게되면 할 수 있는 게 없다. 결국 하는 게 치킨집 창업이다.

회사에서는
시간적 공간적 자기 통제권이 빼앗긴다

    회사원의 가장 큰 단점은 바로 자유가 없다는 것이다. 본인이 원하는 시간에 원하는 장소에서 하고 싶은 것을 못한다. 아침에 몸이 아프지만 억지로 일어나 출근을 해야 하고 지금 일을 하고 싶은데 쓸데없는 회의에 참석해야 하고 조용한 공간에서 명상에 잠기고 싶은데 사무실 소음에 머리가 아플 수 있다. 또는 퇴근 후 집에 가고 싶은데 억지로 야근에 시달리거나 회식에 끌려갈 수도 있다. 나만의 프로젝트 완수 계획이 있는데 상사가 일정을 바꾸라 하면 군말없이 따라할 수도 있다. 즉, 월급이라는 달콤한 먹이에 휘둘려 본인 자신을 잃어버리는 것이다. 본인의 의지대로 삶을 사는 것이 아니라 회사라는 조직에 본인을 맞추고 안 맞으면 참아야한다. 이게 과연 사람다운 삶일까? 너무나 불행하지 않은가? 사람은 원하는 시간에 원하는 장소에서 하고싶은 것을 못할 때 불행을 느낀다. 즉, 자기 통제권이 없을 때 불행을 느끼는 것이다.

나는 개인적으로 누가 억지로 나한테 강요하는 것을 너무나도 싫어한다. 내가 하기 싫은 것을 누가 억지로 하라고 해서 하는 게 너무나도 싫다.

"내가 노예인가? 내가 하기 싫은데 왜 당신의 말을 들어야 하는가?"

하지만 회사는 이러한 관행이 당연시 되는 곳이다. 특히 대한민국 회사는 말이다. 이게 회사 문화이고 팀워크라는 명목아리 본인의 의지와 자유를 박탈당하고 싫은 것을 억지로 하면서 참아야 한다. 이를 거부하면 팀워크가 부족한 사람, 이기적인 사람으로 낙인찍히기 마련이다. 내가 자주 들던 말이었다. 특히 칼퇴를 한다고 회식을 참여 안 한다고 내가 하기 싫은 일을 안 한다고 하면 나한테 팀워크가 부족한 사람이라는 말이 들어왔다. 심지어 성경속에 서로 사랑하라라는 말이 있는데 너는 왜 동료 사랑을 실천하지 않냐는 말도 들었다. 동료들은 다 고생하는데 왜 너만 편할려고 하느냐라는 말도 들었다.

어처구니가 없다. 사람은 본인들만의 개성이 있고 그 개성을 마음껏 발휘하고 본인의 자유 의사결정에 대한 통제권이 있을 때 행복하다. 그리고 민주주의 국가에서 이는 당연히 용인되어야 할 사항이다. 조선시대나 고대 그리스의 노비, 노예가 아니다. 내가 원하는 것을 할 자유와 권리가 있다. 그런데 회사에 들어가면 그렇지 않은 것 같다. 나 자신의 행복과 자유보다는 회사 전체의 이익을 위해 스스로의 자유를 포기하길 강요한다. 그리고 이걸 팀워크, 사랑이라는 이상한 명분으로 말한다.

당당하게 말하라. 회사를 위하기보다는 나는 나를 위해 산다고 말하고 행동하면 된다. 법적으로 문제가 안되는 선에서 내 자유를 최대한 발휘하면 된다. 회식에 참여 안 해도 되고 야근을 안 해도 된다. 내 업무와 다른 일을 갑자기 맡기면 거부할 수도 있어야 하고 이상한 회의에 참여 안 해도 된다. 실제 나는 회사에서 이러한 것들을 시도해보았다. 불행하게도 내가 다닌 회사들에서는 이를 용인하는 문화를 찾기 힘든 것 같다. 욕설이 날라오거나 욕은 안 하더라고 굉장히 나를 이상한 사람 바라보듯이 바라보았다. 기본 상식과 예의가 어긋난 사람으로 치부했다. 그들의 회사 조직을 위해 스스로의 자유를 포기하고 그냥 순응하며 사는 데 익숙한 사람들이었다. 갑자기 자신들과 다른 내가 나타나니 내가 이상한 사람처럼 보였던 것이다. 자유를 박탈당하는 것을 당연히 생각하는 사람들이었다. 심지어 잇몸이 아파서 점심시간을 활용하여 치과에 다녀왔는데 진료 시간이 좀 길어져서 점심시간 이후에 들어온 적이 있었다. 왜 늦었냐고 물어보길래 잇몸이 아파서 병원에 다녀왔다고 하니 나에게 이런말이 나왔다.

"그까짓 잇몸 좀 아픈 거 참으세요. 누구나 다 조금씩 아픕니다."

아픈데 참으라구? 이게 인간으로서 할 말인가? 아픈데 치료를 받아야지 참아야 된다니. 어떻게 21세기 민주주의 국가에서 이런 말이 나올수 있지? 거짓말 같은가? 정말이다. 2017년 불과 2년 전에 내가 회사 다니면서 상사에게 들었던 말이다.

회사를 다니면서 시간적 공간적 자기 통제권이 빼앗기면 행복감이 저하되는 것 말고도 또 다른 게 단점이 있다. 바로 부자가 될 확률이 그만큼 줄어드는 것이다. 나는 부자가 되려면은 필연적으로 시간적 공간적 자유가 있어야 된다고 생각하는 사람이다. 이 말은 수많은 자기계발 서적, 성공한 사람들의 자서전에서 공통적으로 찾아볼 수 있는 문구이다. 주변을 둘러보아 남들보다 훨씬 큰 부를 이룬 사람들을 찾아보라. 그냥 조금 부자가 아니라 남들이 평생 벌어도 못벌 큰 돈을 번 사람들을 찾아보아라. 열심히 회사를 다니면서 돈을 모은 것인가? 절대 아니다. 그들은 자유롭다. 아침에 일어나서 본인들이 하고 싶은 대로 하루를 산다. 그들은 세상을 자기들의 생각대로 주무른다. 보통 사람들의 생각의 위에서 둥둥 떠다니며 사는 것이다. 부자가 될 기회는 너무나도 많다. 문제는 회사를 다니면 그 기회를 잡을 수가 없다. 부자가 될 기회는 세상에 널렸지만 회사를 다니면 기회를 잡을 시간에 회사에서 일을 해야 하고 기회를 잡으러 가야하는데 회사 사무실에 묶여 있어야 한다. 그러면 그 기회는 다른 사람에게 넘어갈 뿐이다. 특히 IT의 발달로 현대 사회는 어느 때보다 더 많이 기회가 널려있고 그 기회에 빠르게 나타났다 사라진다. 그 순간을 포착하고 잡아야 한다. 마치 사냥꾼을 기다리는 포식자처럼 말이다.

그런데 회사를 다니면 그럴 기회조차 없다. 그럴 시간도 없고 당장 몸이 사무실에 묶여 있기 때문이다. 회사 사무실에 시간과 공간적 자유를 빼앗기지 말고 적극적으로 기회를 찾아 다녀야 한다. 다양한 사람들을 만나고 다양한 분야를 공부해야 한다. 기회는 도처에 널려있다. 기회를 잡고 그 순간 폭발적으로 능력을 발휘하면 금방 부자가 될 수 있다. 예를 들어 보자. 부동산 경매를 통해 부자가 될 수 있다. 투자를 통해 부자가 될 수 있다. 휴대폰 어플을 만들어 부자가 될 수 있다. IT 솔루션을 만들어 대기업에 팔아 부자가 될 수 있다. 간편한 생활용품을 착안해내 만들어 홈쇼핑, 홈플러스에 팔라 부자가 될 수 있다. 유투브 크리에이터가 되어 부자가 될 수 있다. 책을 써서 유명작가가 되어 부자가 될 수 있다. 부자가 될 방법은 너무나도 많다. 하지만 회사를 다니면 위의 것들을 할 수가 없다. 왜냐하면 시간적 공간적 자유가 없어 도저히 위에것들을 할 여유가 없기 때문이다. 혹은 회사를 다니면서도 어떻게든 밤잠 설쳐가면서 위의 것들을 도전해본다고 하더라고 실패할 확률이 높을 것이다. 절대적인 시간 부족과 효율이 떨어지기 때문이다. 하루종일 자유롭게 공부하고 고민하고 도전해보는 사람이랑 퇴근하고 피곤한 몸을 이끌고 겨우겨우 하는 사람이랑 누가 더 성공할 확률이 높겠는가? 결국 회사를 다닌다는 것은 부자가 될 확률도 그만큼 줄어드는 것이다. 그냥 하루하루 밥먹고 사는 것에만 만족하고 살아가 겠다는 뜻이다. 즉, 본인 스스로 밥만 먹여주면 열심히 일해주는 노예가 되겠 다라는 의지이기도 하다.

요약 ─────────────────────────

· 회사에서는 시간적 공간적 자기 통제권을 철저히 박탈당한다.

· 회사에서 민주주의 국가 시민의 자유를 주장하면 팀워크 부족, 사랑과 헌신이 부 족한 이단아 취급을 받는다.

· 시간적 공간적 자기 통제권을 박탈당하면 행복감이 줄어든다.

· 시간적 공간적 자기 통제권을 박탈당하면 부자가 될 확률도 줄어든다.

· 회사원은 현대판 노예가 되겠다는 의지이기도 하다.

젊을 때 퇴사할수록
부자가 될 수 있다

복리의 마법에 대해서 들어보았는가? 재테크 서적을 보면 흔히 볼 수 있는 내용이다. 이자가 적더라도 오랜기간에 걸쳐 이자에 이자를 거듭하면 엄청난 금액이 된다는 말이다. 흔히 워렌버핏식 투자라 불리며 짠돌이 회사원들의 엄청난 지지를 받고 있다. 그런데 요즘과 같이 저금리 시대에 이러한 복리의 마법이 과연 통할까? 보통 은행적금의 이율은 2%정도 된다. 2%의 금리로 복리가 적용되어 원금이 2배가 되는 시점은 36년 후이다.

36년 후라고? 그렇다. 36년 후다. 이미 내 청춘과 젊음이 다 사라진 후이다. 거기다가 물가상승률을 감안하면 원금의 2배도 사실 거의 무용지물이라고 볼 수 있다.

그렇다면 어떻게 해야 하는가? 나는 최대한 빨리 목돈을 만들어야 한다고 생각한다. 똑같은 2%를 받더라도 100만 원의 2%면 2 만원이지만 10억의 2%면 2천만 원이다.

그러면 목돈은 어떻게 만들 수 있을까? 젊을 때 폭발적으로 돈을 벌어야 한다. 젊을 때에는 도전하기가 쉽다. 젊을 때에는 실패해도 다시 일어날 수 있다. 젊을 때에는 머리가 잘 돌아간다. 젊을 때에는 체력이 좋다. 따라서 최대한 빨리 젊을 때에 퇴사하고 폭발적으로 돈을 벌어야 한다.

당신이 만약 30대 후반의 가장이고 아내와 2명의 자식이 있다고 하자. 퇴사하고 도전을 하겠다고 하면 가장 먼저 아내의 잔소리 혹은 이혼 소장이 날라올 것이다. 당신이 50대가 넘어간 중년이라고 하자. 무언가 도전을 하고 싶은데 쉽게 도전을 하지 못할 것이다. 실패하면 다시 일어 설수 있는 시간이 많지 않기 때문이다. 20대처럼 빠르게 신기술을 습득하는것도 이전만큼 못할 것이고 눈도 아프고 금방 피로해 질 것이다. 쉽지 않을 것이다. 따라서 20대, 젊을수록 퇴사해야 한다.

내 주변에 20대에 후반에 부를 이룬 사람들이 있다. 정확히 말하면 2명이다. 회사원이 평생 모아도 이루기 쉽지 않은 수십억원의 순자산이 있다. 이 두 명의 공통점은 모두 대학을 나오지 않았다. 대학을 입학은 하였으나 둘 다 도중에 중퇴하였다. 내가 이유를 물어보니 모두 같은 대답을 하였다.

"대학에서 배우는 게 그다지 큰 필요가 없다고 느꼈어. 내 시간이 아까웠어. 특히 돈 버는 것과 대학은 관계가 없다 생각해서 자퇴했어."

내가 주목하는 것은 대학을 중퇴했기에 이들이 부자가 되었다는 게 아니다. 이들은 남들보다 훨씬 이른 나이에 경제적으로 독립을 하였다. 20대 초반부터 자립해서 사업을 했다. 비록 20대 초반에는 큰 성공을 거두지 못했지만 조금씩 성공한게 점차 가속이 붙어 20대 후반에는 이미 수 십억원을 모을 수 있었다.

남들은 대입에 재수, 삼수하고 취업준비 때문에 휴학을 하면서 시간을 까먹는 동안 이 두 명은 과감히 대학을 자퇴하고 바로 돈 벌기 모드에 들어갔다. 출발선이 남들보다 훨씬 빠르니 당연히 성공할 확률도 훨씬 커진다. 대한민국의 보편적인 사람들은 20대 후반까지 학교를 다닌다. 그리고 20대 후반에야 겨우 취업해서 아둥바둥 살다가 30대 후반 혹은 40대 초반에 사업을 해볼까 고민한다. 하지만 대부분 처자식을 생각하면 바로 다시 생각을 접고 회사에 충성스런 사원으로 돌아가거나 사업을 한다해도 진입장벽이 낮은 프랜차이즈 요식업만 할 수 있을 뿐이다.

물론 대학을 졸업하면 명예를 얻을 수는 있다. 로스쿨, 의대, 대학원 박사까지 나오면 사회 생활 할 때에 대우를 받을 수 있고 스스로의 만족감도 높을 수는 있다. 하지만 돈 버는 것과는 거의 관계가 없다. 공부 잘하면 명예, 권력, 부를 모두 얻을 수 있었던 부모님 세대는 끝났다. 공부 잘하면 월급 조금 더 받는 회사원 그 이상 되지는 못한다. 서울대, 카이스트, 의대, 연세대, 고려대 등 명문대를 가기 위해 중고등학교 시절 10배 이상 남들보다 노력했지만 막상 사회에 나와 취업하면 기껏해야 2배 정도 더 월급을 받을 뿐이다.

나는 이 사실을 20대 초반에 깨닫지 못한 게 억울하다. 나는 20대 초반에 졸업하고 취업하는 게 인생의 목적이었다. 왜냐하면 주변 대학생 친구들의 목적이 다 나와 같았기 때문이다. 여기서 조금 더 꿈이 큰 친구들은 행정고시를 준비하는 것 정도였다. 괜찮은 학점에 괜찮은 스펙을 쌓고 거기다가 운이 조금 더 보태져서 초봉 4,000만 원대 대기업에 들어가면 꽤 성공한 것처럼 보였다. 여러분들도 이와 비슷할 것이다. 주변 친구들이 다 스펙에 목숨 걸고 취업에 목숨거니 마치 취업이 인생의 대단한 궁극적 목적인 것처럼 되어 버렸다. 내 사고와 내 꿈은 없어지고 주변 사람들이 살아가는 방식을 그대로 답습해가고 있는 것이다.

또는 용기가 없을 수도 있다. 남들이 살아가는 방식을 그대로 따라가는 게 안전해 보일수도 있다. 퇴사하면 마치 사회 부적응자처럼 보이고 실패한 인생이 되는 것처럼 보일 수도 있다.

그렇다고 내가 모든 대학생들에게 무조건 자퇴를 권유하는 것은 아니다. 대학교에서 본인이 배우고 싶은 것을 충분히 배울 수 있다면 대학을 계속 다녀야 한다. 하지만 대학교 졸업하고 취업하는 게 능사인 것처럼 정신줄 놓고 살면 안 된다는 것이다.

남들이 취업에 목숨 걸 때 어떻게 하면 취업을 안 하고도 경제적으로 자립할 수 있을지 고민해야 한다. 치열하고 생각하고 치열하고 배워야 한다. 취업을 안 해도 먹고 살 수 있는 본인만의 무기를 만들어야 한다. 끊임없이 배우고 끊임없이 단련해야 한다.

자신이 잘하고 재밌어하는 분야이면서 사회에서 필요로 하는 그런 분야를 고민하고 찾아야 한다. 그리고 그 분야를 깊게 파고들고 계속해서 익혀야 한다. 입사 후 퇴사할 수도 그렇다고 계속 다니기도 힘든 상황에 직면하기 전에 미리 대비해야 한다. 최대한 젊을수록, 아직 시간이 있고 머리가 빨리 돌아가고 체력이 좋을 때에 미리미리 대비해야 한다. 아직 입사 전이라면 취업자체를 하지 않는걸 목표로 해야 하고 입사 초기라면 즉시 퇴사를 목표로 해야 한다.

요약

· 회사원의 정신적 지주인 복리의 마법을 헛소리로 치부하라.

· 젊을 때 폭발적으로 돈을 벌어 목돈을 만들어야 한다.

· 취업준비를 하면서 아까운 시간을 낭비하지 말아라.

· 당신이 취업전이면 취업자체를 하지 않는걸 목표로하고 이미 취업했다면 즉시 퇴사를 목표로 해야한다.

결심하라
거지가 되더라도 퇴사하겠다라는
결심을 해라

 이번 장은 사실 조금 조심스럽다. 나의 '거지가 되더라도 퇴사하겠다라는 결심을 해라.' 라는 믿음은 확고하지만 자칫 독자들에게는 반발을 불러일으킬 수도 있기 때문이다. 하지만 반대로 생각해 봐라. 회사를 다닌다고 부자가 될 수 있을까? 먹고 살 수는 있지만 임원이 되지 않는 이상 부자가 될 수는 없다. 슈퍼카를 사거나 서울의 아파트를 사는 것은 꿈도 못꾼다. 그저 먹고살고 약간의 문화생활을 즐길 수 있는 정도의 돈벌이만 할 수 있다. 그렇다면 약간의 문화생활정도는 당분간 포기할 수 있고 월급이 없어도 먹고 살 수는 있다면 과감히 퇴사를 권유한다.

 이에 해당하려면은 20대가 가장 적합할 것이다. 20대는 아직 부모님에 기대어 살 수 있는 나이다. 부모님께 용돈을 조금 받거나 아니면 부모님집에서 살며 집세, 식비를 절약할 수 있다. 안타깝지만 만약 당신이 결혼을 했다면은 '거지가 되더라도 퇴사하겠다.'라는 신념을 행동으로 옮기기 쉽지 않을 것이다. 나 혼자 거지가 되는 게 아니라 처자식도 같이 거지가 되기 때문이다. 그렇기 때문에 결혼 전 20대 때에 빨리 회사 밖에서의 자립을 시도해봐야 한다.

나 같은 경우는 부모님 집에서 살기 때문에 집세와 식비는 절약할 수 있었다. 대신 통신비, 보험비, 자동차 할부금을 합하여 40만 원 정도 매달 나갔다. 내가 퇴사를 할 때에는 정말로 월 40만 원도 벌 수 없었기 때문에 조금 막막했지만 그래도 40만 원은 어떻게든 해결할 수 있다라는 마음으로 일단 퇴사를 했다. 그리고 고정비용 40만 원 이외의 다른 지출은 정말로 최대한 아꼈다. 여자친구와의 데이트때에도 저렴한 분식집을 이용했고 음주, 옷 등에는 아예 지출을 하지 않았다. 평균적으로 하루에 3,000원 이내로 살아갔던거 같다. 하루 중 별다른 일이 없으면 지출이 0원이었고 1주일에 한번 여자친구를 만나면 1만원 정도 지출을 했다. 처음에는 여자친구의 불만이 꽤 컸지만 다행히 시간이 지나면서 점차 이해를 해주었다.

퇴사 이후에 가장 좋았던 것은 역시 시간이 많다라는 것이었다. 아침에 늦잠을 자고 이게 꿈인가라는 생각이 들었다. 매일 새벽 6시반에 일어나 좀비처럼 출근을 하던 내가 오전 9시~10시까지 충분히 숙면을 취할 수 있었다. 또한 내가 원하는 공부도 마음껏 할 수 있었다. 매일 매일 새로이 지식을 더해갔다. 몸도 건강해졌다. 매일 아프던 몸이 더 이상 아프지 않았고 운동할 시간도 훨씬 많았다.

금전적으로도 수입은 없어도 이상하게 마음이 편안했다. 수입은 없었지만 지출도 거의 없으니 큰 문제가 없었다. 이전에는 회사에 다니면서 아프니까 병원비를 대느라 돈에 집착했고 출퇴근 자동차 기름값 및 주차비를 대느라 돈에 집착했고 주말에 스트레스를 풀기 위한 유흥비를 대느라 돈에 집착했다. 돈을 더 벌고 싶은데 월급이 적어 한 방을 노리고 주식, 코인을 했다 손실을 보기도 했다. 또 당장 한 달에 몇 십만 원을 더 벌기 위해 퇴근 후 피곤한 몸을 이끌고 과외를 하기도 했다. 월 수입은 300만 원이 넘었지만 한 달이 지나면 정작 통장 잔고는 항상 거의 비어 있었다. 피로했고 허무했으며 항상 짜증이 가득했다.

하지만 퇴사를 하고 여유가 생기니 '생각을 하게 되었다.' 하루하루 먹고 살기 위해 기계처럼 살아가기보다는 궁극적으로 돈의 노예에서 벗어날 수 있는 방법을 생각하기 시작했다. 하루 중 상당시간을 조용히 명상에 잠겨 깊게 생각하는 시간을 가졌다. 이 책의 뒷부분에서도 언급하겠지만 명상의 힘은 대단하다. 세계 유수의 성공한 사람들은 매일 시간을 갖고 명상을 하는 시간을 가진다. 빌 게이츠, 오프라 윈프리 등 정치, 경제, 연예계의 최대의 인물들 모두 다 매일매일 명상을 한다. 빌 게이츠는 아예 명상을 위한 별장을 따로 두고 있을 정도이다.

어쨌든 나는 매일 명상을 하기 시작했다. 정확히 말하면 깊게 생각하고 미래를 꿈꾸는 시간을 가졌다. 회사를 다닐 때에는 전혀 가질 수 없는 시간이다. 분주한 사무실에서 눈감고 명상에 잠길 수 있는가? 주변의 소음과 불빛, 업무에 대한 스트레스 때문에 전혀 할 수 없을 것이다. 인간이 다른 동물들과 다른 점은 바로 사고의 힘이라 생각한다. 인류 문명의 발달은 인간의 사고에서 비롯되었다. 하지만 회사원들은 이 사고를 할 여유가 없다. 닥치는 대로 주어진 업무를 하고 퇴근 후에는 녹초가 되어 TV, 스마트폰을 보다 잠드는 게 일상이다.

내가 한 명상은 단순했다. 자수성가 부자들의 자서전 혹은 자기계발서적의 내용을 기억하면서 나에게 접목할 수 있는 것들을 생각했다. 그리고 성공스텝을 한 단계씩 밟아나가면서 최종적으로 내가 원하는 것들을 이루는 상상을 했다. 회사 다닐 때에는 생각해보지도 않았던 뚜렷한 목표 리스트가 생겼으며 그 목표를 이루기 위한 방법과 목표를 이루었을때의 나의 모습을 사고하고 상상했다. 그 목표를 다 이루었냐구? 아직 이렇게 명상을 시작한 기간이 1년정도밖에 안되 다 이루지는 못했다. 하지만 목표 리스트 중 일부는 이미 이루었으며 아직 이루지 못한 목표 리스트들도 계속해서 이루기 위해 정진 중이다. 내가 쓴 목표리스트들은 회사 다닐 때에는 감히 꿈꾸지 못했던 나에게는 꽤 큰 목표다. 처음에 목표를 정할때에는 어떻게 그 목표를 이룰지 감이 잘 안왔다. 그냥 하고 싶어서 그렇게 적었다. 그러나 매일 명상을 통해 사고하고 상상했더니 기발한 생각이 불현 듯 떠올랐다. 나도 모르게 목표 달성을 위해 나아가고 있었다. 한 가지 나의 예를 들어보겠다. 회사원 시절 나는 책에서 목표를 크게 잡으라해서 내 방문 앞에 1년안에 1억을 모으겠다라는 문구를 붙여놓았다. 아버지가 헛소리하지 말라고 바로 퇴짜를 놓으셔서 이내 꿈을 접고 방문앞의 종이를 떼었다. 퇴사 후 나는 다시 동일한 1년 안에 1억을 모으겠다라는 목표를 적었다. 이번에는 방문에 붙여놓지는 않았지만 책꽂이에 접어 두고 아침에 일어나서 매일 읽었다. 월 수입은 0원이었지만 1년 안에 1억을 모으겠다라는 신념은 확고했다. 명상을 통해 깊게 생각하고 상상했다. 1년이 지난 지금 나는 해당 목표를 달성했다.

또한 퇴사를 했더니 시간을 내 마음껏 쓸 수 있었다. 정확히 말하면 내가 원하는 시간에 내가 원하는 장소에서 내가 원하는 것을 할 수 있었다. 아파서 쉬고 싶어도, 졸려도, 짜증나도, 무조건 회사 사무실에서 내가 원하지 않는 상사가 시킨 일만 하던 때와는 너무나도 달랐다. 나는 내가 쉬고 싶으면 쉬었으며 내가 공부하고 싶으면 공부하였다. 내가 일하고 싶으면 일했고 내가 놀고 싶으면 놀았다. 즉 매 순간 순간을 그때그때 내가 원하는 것을 했더니 효율이 올라갔다. 같은 24시간이 하루에 주어졌지만 하루동안 내가 했던 성과가 너무나도 차이가 났다.

요약 ——————————————————————————————

· 고정지출이 적은 결혼전 20대 때에 거지가 되도 괜찮다라는 마음을 갖고 퇴사하라.

· 퇴사 직후 지출을 최대한 줄여라.

· 남는 시간을 깊게 사고하고 명상하는 시간으로 채워라.

· 하루 24시간을 주도적으로 사용해라.

제3부
내 가치를 올려라

내가 잘 할 수 있고
세상이 원하는 분야를 선택해라

퇴사를 했으면 결국에는 회사에 기대서 돈벌이를 하는 게 아니라 스스로 자립해서 돈을 벌어야 한다. 그럴라면 세상에 본인의 가치를 전달할 수 있는 매개체가 필요하다. 어떤 것이던 상관없다. IT 개발일 수도 있고 경영 컨설팅 일 수도 있고 유투브와 같은 미디어를 활용하여 수익을 창출할 수도 있다.

여기서 가장 중요한 것은 내가 잘하는, 본인의 강점을 계속해서 파고 들어야한다는 것이다. 흔히 20대 후반이 되면 본인의 진로에 대해서 고민을 하는 경우가 많다. 그래서 남의 떡이 커보인다고 본인과 전혀 상관없는 분야이지만 좋아보이는 분야로 새롭게 해볼까하는 청년들이 많다. 나 또한 회사 다니면서 끊임없이 나의 분야를 바꿔볼까 고민을 했다. 의학전문대학원, 로스쿨, 모델, 배우까지 이것저것 다 고민해 보았다. 실제 책을 사서 보기도 했고 연기학원을 다녀보기도 하였다. 그 당시 내 분야는 멋없어 보이고 회사에서는 박봉이라 화려해 보이고 사회에서 인정받는 직업으로 바꾸고 싶었다.

연기학원에 등록했을 때가 떠오른다. 열정에 부풀어 연기학원에 등록하고 주 1~2회 1대1 강습을 받았다. 사실 대학교 시절 외모로는 칭찬도 많이 받았고 나 스스로도 외모에는 어느 정도 자신감이 있었기에 연기 수업만 탄탄히 받으면 배우가 될 수 있을 거 같았다. 문제는 내 연기력이었다. 연기선 생님이 최대한 쉬운 대본을 주어도 너무나 따라하기 힘들었다. 내 몸이 그 대본을 따라하기에는 너무나 힘들고 부끄러웠다. 온몸으로 연기를 거부하는 것 같았다. 결국 노력해도 나아지는 것 같지도 않고 연기하는 게 힘들고 재미없어서 몇 달 배우다가 그만두었다.

남의 떡이 커보인다고 남이 잘하니 나도 잘할 것 같다고 내가 못하는 것을 익히려 하지 말고 과감히 내가 잘하는 것에 집중하라. 그럼 내가 못하는 것은 어떡하냐구? 내가 못하는 것은 잘하는 사람을 찾아서 협업하거나 일을 맡기면 된다. 아주 간단하다.

즉, 내가 잘 할 수 있는 분야를 빨리 찾아 그 분야만 집중적으로 익히고 배워야 한다. 불행하게도 대한민국 입시사회에서 이를 실천하기가 쉽지 않다. 고등학교 시절 입시공부에 매달리다 수능성적에 맞춰 대학 전공을 선택하는 경우가 많기 때문이다. 이과는 공부 잘하면 의대로 지원하고 문과도 각 대학의 상위권 학과는 무조건 경영학, 경제학부터 채워진다. 즉, 본인이 진정 그 분야를 좋아할지 알지도 못하면서 점수에 맞추어 학과를 선택하고 있다. 만약 수능성적이 높아 경제학과를 갔는데 본인 재능이 경제학과는 전혀 거리가 멀다면? 경제학이 너무 재미없다면? 대한민국의 이런 청년들이 너무나 많은거 같다.

물론 나 또한 대학 학과는 점수 맞추어서 취업이 잘 될 것 같은 학과로 진학했다. 학과 선택에 아버지의 의중이 많이 반영되어 있었고 수능 성적도 해당

학과 지원이 적정 수준이어서 진학했었다. 잘 알지 못하고 진학해서 그런지 4년 동안 내가 배우는 것에 대해서 별로 흥미를 못 느꼈었다. 그래도 수업 중 데이터와 수리통계관련 수업은 재밌게 들었어서 대학원은 관련 학과와 랩실로 진학했다. 그 이후로는 계속해서 내가 잘하고 재밌어하는 데이터 관련 연구만 지속하고 있다. 그나마 나는 운이 좋았다. 대학교 4년 동안 배운게 완전히 마음에는 안 들었지만 그래도 데이터베이스, 수리통계학, 자료구조와 같은 수업이 재밌어서 해당 분야로 바로 내 진로를 정했기 때문이다.

만약 내가 간 학과가 전혀 1도 나와 안 맞는다고 생각한다면? 아니면 대학교에서 배우는 것 자체가 나에게 전혀 도움이 안 된다고 생각한다면? 이럴때에는 과감히 전과나 자퇴를 선택하는것도 좋을 것 같다. 유명 유투브 크리에이터들이 유명 대학의 인기학과를 나와서 된 것 같은가? 전혀 아니라고 생각한다. 유명대학을 나오면 대학교에서 배우는 게 많아서 좋은 게 아니라 동문파워와 유명대학 출신이라는 자기 PR용 정도로만 좋은 것 같다.

내가 잘하는 강점에만 집중해야 한다는 것에 동의를 한다해도 내가 잘하는 분야가 세상이 원하는 분야라 돈벌이가 수월해진다. 특정학과를 비하하는 것은 아니지만 당신이 철학에 엄청난 관심이 있고 그 분야에 능통하다해도 이를 통해 돈벌이 하기는 쉽지 않을 것이다. 만약 해당 분야에 당신이 대한민국 1위의 권위자가 되지 않는 이상, 철학에 능통한 사람을 찾는 고객이 많지 않기 때문에 수익창출로 이어지기 쉽지 않다. 그러면 그냥 운에 기대어 러시안 룰렛 돌리듯이 내가 선택한 분야가 뜨기를 바래야 하나? 그게 아니라 시대 흐름을 읽어야 한다. 앞으로 활성화 되고 점점 더 뜰 분야에 뛰어 들어야 한다. 책을 읽고 신문을 읽고 잡지를 읽어야 한다.

각종 미래학책을 보면 앞으로 뜰 분야가 망라되어 있다. 책의 내용이 100%

미래에 실현된다라는 보장은 없지만 어느 정도 감은 충분히 잡을 수 있다. 사이버 보안, 빅데이터 분석, 모바일 기술, 클라우드컴퓨팅, 소셜미디어, 사물인터넷/센서, 생명공학, 블록체인, 가상현실, 무인자동차, 드론. 웬만하면 이와 같은 분야에 뛰어 들어야 한다. 해당 분야에 강점이 있다면 금상첨화이다. 이와 같이 세상이 원하는 분야를 빠르게 간파하고 해당분야의 선구자 그룹에 입성한다면 당신은 금방 엄청난 수익을 창출할 수 있을 것이다.

요약

· 내가 재밌어하고 잘하는 분야를 빠르게 찾아라.
· 만약 대학전공이 나와 맞지 않다면 전과, 자퇴를 고려해보라.
· 웬만하면 앞으로 뜰 분야를 찾아 그 분야를 선택하라.
· 선택한 분야에 혼신을 쏟아 익히고 배우라.
· 내가 못하는 분야는 잘하는 사람을 찾아 맡기면 된다.

계속해서 배워라

성공한 사람들의 책을 닥치는 대로 읽어보았다. 워렌 버핏, 손정의, 빌게이츠와 같은 세계 유명 부호들부터 잘 알려지진 않았지만 남들이 평생 벌 돈을 미리 다 번 부자들은 모두 배움을 최고의 투자로 삼았다. 배움, 즉 자기계발은 절대 손실이 나지 않는 최고의 투자이다. 더군다나 현대사회에서는 배움을 위한 비용이 크게 들지 않는다. 온라인 강의를 통해 무료, 또는 저렴하게 학습할 수 있고 도서관을 이용해 책을 마음껏 빌려볼 수 있다. 책을 산다해도 1~3만원 정도에 그 분야의 지식을 습득할 수 있다는 것은 대단히 저렴하다고 생각한다.

2018년 2월 5일 중앙일보 기사를 보면 국내 성인 중 40%가 1년에 책을 한권도 읽지 않는다고 한다. 부자들은 어떻게든 시간을 내서 책을 읽으려 하는데 대다수의 국민들은 책을 아예 곁에도 두지 않는 것이다. 하루에 10분씩만 읽어도 최소 1달에 1권을 읽어야 하는데 그 10분도 투자를 못하는 것이다. 나는 책을 읽다보면 종종 무서울 때가 있다. 책이 나에게 주는 인사이트와 지식을 여태까지 모르고 있었다는 두려움, 내가 모르는 지혜가 앞으로도 훨씬 더 무궁무

진할거라는 두려움이다.

　그러면 무조건 닥치는 대로 아무거나 익히고 배우면 될까? 물론 아니다. 나 같은 경우는 책을 읽을 때 3종류의 책을 읽는다. 전공과 관련한 책, 자수성가 부자들의 책, 꿈과 열정을 북돋아주는 책. 못해도 2일에 한 권은 읽는 것 같다. 한 가지 아쉬운 점은 최신 정보를 접하기 위해 신문도 읽어야 하는데 아직까지 그것은 실천하지 못하고 있다.

　전공과 관련한 책은 역시 내 분야에서 나의 가치, 즉 몸값을 올리기 위해 읽고 있다. 하루하루 다르게 새로운 기술, 새로운 알고리즘들이 나오기 때문에 최신 기술을 책, 논문, 인터넷 강의(코세라, 유데미)를 통해 접하고 있다. 번역서는 이미 이전에 책을 출간했던 것을 번역한 거라 최신 책을 읽기 위해 아마존에서 원서를 구매해서 읽는 것을 선호한다. 나는 내 분야(빅데이터 분석)의 전문가로 스스로를 알리고 또 나를 전문가로 대접해서 찾는 사람들이 많다. 웬만한 고객들은 사전에 빅데이터 분석에 관해 어느정도 공부를 하고 온 사람들이 많아서 나도 깜짝깜짝 놀랄 때가 있다. 그럴때마다 내가 더욱 더 내 분야의 공부를 더 해야겠다는 결심을 굳히게 된다.

　자수성가 부자들의 책은 역시 나도 부자가 되고 싶다라는 생각에서 읽는 것이다. 아무리 기술이 뛰어나도 돈을 벌기 위한 영업과 마케팅 능력, 자산을 관리하고 증식하는 능력이 뒷받침되지 못하면 부자가 되기 어렵다고 생각한다. 자수성가 부자들의 책을 읽으면 그들이 부자가 되기 위해 실천했던 방법들과 그들의 마인드를 읽을 수 있다. 나는 그저 읽고 따라만 하면 된다. 더욱 재밌는 것은 책을 많이 읽다보면 그들이 하는 말에 공통점이 있다는 것이다. 그래서 더욱 더 신뢰가 간다. 대단히 어려운 일이 아니다. 천재들만 할 수 있는것도 엄청난 노력이 필요한 것도 아니다. 나도 그들과 똑같이 될 수 있을 것 같다. 하지만 역시 사람은 변화를 두려워한다. 그게 최대의 적인 것 같다. 책을 읽고 따라하려해도 그동안 내가 해왔던 습관들이 타성에 젖어 두려움이 찾아온다. 하지만 그 두려움을 극복하고 그들을 따라해야 그들처럼 부자가 될 수 있다.

　마지막으로 나에게 꿈과 열정을 주는 책을 좋아한다. 이러한 책을 읽으면 기분이 좋아진다. 마치 환각상태에 빠진 것 같다. 나도 금방이라도 성공한 사람이 된거 같다. 물론 책을 읽고 그 기분이 오래 가지는 않는다. 다시 현실로 돌아오기 때문이다. 하지만 만약 이러한 책을 매일 읽는다면? 성공한 것 같은 환각상태가 마치 현실이 된 것 같다. 내가 상상하는 것과 현실이 분간이 잘 안된다. 내가 상상하는 게 바로 내 모습인 것 같다. 실제로 뇌가 꿈과 상상을 현실로 받아들이고 현실이 되는 것이다. 헛소리라구? 과학적으로 입증되지 않는 것이라구? 이단 종교같다구? 이미 한번 읽어보았더라도 다시 한 번 읽어보길 권한다. 헛소리 같지만 이러한 헛소리를 믿고 실천해서 성공한 사람들이 너무나 많다.

요약 ─────────────────────────────────────

· 매일매일 공부하라. 책, 신문, 잡지, 인터넷강의를 활용하라.

· 독서의 중요성은 아무리 강조해도 지나치지않다.

· 자기 전공 분야의 책을 읽어라.

· 성공한 자수성가 부자들의 책을 읽어라.

· 꿈과 열정을 주는 책을 읽어라.

· 배우는데서 그치지 말고 행동으로 실천하라.

나의 가치를
적극적으로 세상에 알려라

아무리 본인의 실력을 갈고 닦아도 세상이 인정해주지 않으면 허사이다. 또한 실력이 엇비슷하더라도 잘 갈무리해서 어필하면 원래 실력보다 더 돋보여 보일 수 있다. 대학입시 수능을 볼 때에는 수능점수를 나란히 정렬하기 때문에 그 사람의 실력을 객관적인 지표로 평가할 수 있다. 하지만 수능처럼 내가 배운 분야의 실력을 어떻게 평가받을 수 있을 것인가? 소위 말하는 전문직, 즉 변호사 자격증, 회계사 자격증 정도 되면 어느 정도 인정받을 수 있다고 생각한다. 그러나 그 이외의 각종 기사 자격증, 컴퓨터, 어학 자격증, 경제관련 자격증 등을 사실상 별로 알아주지 않는다. 취업할 때에는 약간의 도움을 받을 수는 있을지언정 그 이상 도움이 되지는 않는다. 더군다나 이 책의 주제가 퇴사에 관한 것이기 때문에 더욱 필요가 없다. 학습을 위한 과정 중에 하나로 자격증을 따는 것 정도는 괜찮다. 즉, 공부를 위해서 자격증을 따는 것으로 생각해야지 자격증을 따서 그것으로 승부를 보겠다라는 생각은 버려야 한다.

나 같은 경우는 이것저것 자기 PR을 위한 여러 가지 스펙을 지니고 있다. 스펙은 사실상 본인이 꾸미고 만들기 나름이다. 나는 이러한 스펙으로 나 자신을 빅데이터 분석 전문가로 어필한다. 내가 가지고 있는 스펙은 다음과 같다. 학력, 프로젝트 이력, 특허, 논문, 저서, 자격증 정도이다. 얼핏 봐서는 우와, 엄청난 스펙이다 라고 생각할 수 있지만 사실 엄청난 스펙정 도는 아니다. 학력은 서울 상위권 대학 학부, 석사, 박사 과정이고 프로젝트 이력은 일을 하면서 하나씩 늘어나서 그때마다 추가를 하였다. 특허는 회사 다니면서 회사 업무과정에서 등록한 것이고 논문은 박사과정 재학 중에 몇 개 쓴 것이다. 책은 빅데이터 분석에 관련한 책 한 권을 출간하였다. 자격증은 회사 다니면서 딴 빅데이터 분석 관련 자격증 몇 개가 전부다. 그렇게 어려운 것들이 아니다. 행정고시, 사법고시 정도의 노력을 요구하는 것이 전혀 아니다. 학부 학력같은 경우는 중고등학교때 열심히 한 사람들만 어필할 수 있는 부분이지만 그 이외 부분은 이 책을 보는 독자 누구나 금방 만들 수 있는 부분이다.

중요한 것은 한 분야의 스펙만 파야 한다는 것이다. 자잘한 스펙이지만 한 분야만 계속 파고 한분야의 스펙만을 하나씩 늘려나간다면 어느덧 그 분야의 전문가가 되어 있을 것이다. 예를 들어 나는 빅데이터 분석 전문가로 어필을 하기 때문에 어학 자격증은 전혀 쓸데가 없다. 사실 어학공부하는 데에도 취미가 있어 중국어 HSK 공부를 하였던 적이 있는데 내 전문성을 어필하는데에 도움이 안된다고 판단하고 과감히 중도 포기하였다. 안타까운 점은 많은 청년들이 각종 스펙 쌓기에 몰두되어서 본인 분야에 맞지 않는 것까지 닥치는 대로 따고 있다는 점이다. 일례로 경제 관련 각종 자격증, 한자 자격증, 워드프로세스를 비롯한 IT 자격증, 어학연수, 봉사활동 등이 있다. 전혀 쓸데가 없다. 그냥 이력서에 한 줄 넣는 수준밖에 안된다. 취업 때에 조금 도움이 될지언정 그 이후에는 전혀 쓸데가 없는 시간낭비라 생각한다.

본인이 한 분야의 실력을 키워나가면서 그 분야의 전문성을 인정받을수 있는 스펙 또는 이력을 쌓은 이후에는 이를 적극적으로 알려야 한다. 대한민국 사회는 이상하게 본인의 실력이나 가치를 숨기거나 축소하려는 분위기가 있다. 그렇게 하는 것이 겸손이고 미덕인 것처럼 생각하는 것 같다. 하지만 퇴사하고 월급이상의 수익을 만들기 위해서는 본인의 가치를 최대한 크게 포장해서 알려야 한다. 그렇지 않으면 아무도 당신을 찾지 않을 것이다. 회사에서는 회사 뒷배경을 보았겠지만 이제는 당신 자체를 보기 때문에 당신이 위대해 보여야 한다. 오해하지 말아라. 없는 것을 거짓으로 짜내서 만들라는 것은 아니다. 하지만 본인이 지니고 있는 가치는 하나도 빠짐없이 잘 포장해서 알려야 한다.

각종 SNS 및 온라인 플랫폼을 최대한 활용해야 한다. 당신의 전문성을 최대한 어필하라. 인스타그램, 링크드인, 카카오톡 프로필에 본인의 이력 또는 전문성을 어필하는 글을 올려라. 당신 고유의 블로그 또는 홈페이지를 만들고 당신분야의 전문적인 글을 주기적으로 올려라. 당신을 전문가라고 소개하는 명함을 만들고 만나는 사람들마다 주어라. 크몽, 오투잡, 위시켓과 같은 각종 프리랜서 플랫폼에 당신의 이력을 올리고 홍보하라. 나 같은 경우는 되는대로 나의 이력을 다 홍보하였다. 처음에는 솔직히 부끄러운 생각도 들었다. 혹시 지인이 보면 어떡하지라는 생각도 했다. 웬지 모르게 지인이 보면 부끄러울거 같았다. 실제로 온라인상에 나를 홍보하니 몇 일후에 누나와 매형이 보고 나에게 이게 뭐냐고 묻기도 하였다. 조금 부끄럽고 불편한 마음이 들어도 일단 시도해 봐야 한다. 일단 나를 대단한 사람이라 생각하고 대단한 나를 온라인상에 뿌려야 한다. 처음에는 부끄럽고 불편하겠지만 시간이 지나면 익숙해지고 실제 나 자신이 대단한 사람으로 평가받을 것이다. 그렇게 어려운 일도 아니다. 내 이력을 정리한 이후에 각종 플랫폼에 가입 후 적당히 짜깁기해서 올리면 끝이다.

나를 홍보하면 돈을 벌 수 있을지 의문이 드는가? 과연 몇 명이나 연락이 올지 의심이 드는가? 한번 해봐라. 분명 효과가 있을 것이다. 나는 내 홍보를 적극적으로 한 이후에 삶이 많이 바뀌었다. 우선 나를 필요로 하는 연락이 많이 왔는데 이를 통해서 대학교, 정부출연연구소 자문을 했었다. 스타트업을 시작하기 위한 동료들을 만날 수 있었다. 출판사에서 출간 제의가 왔어서 책을 한권 냈다. 각종 학원에서 강연 문의가 쇄도했다. 기업 또는 개인으로부터 데이터 분석 의뢰가 들어왔다. 언론사에서 인터뷰 요청이 들어왔다. 나를 필요로 하는 곳이 나를 알아보고 연락을 했으며 나는 그들이 원하는 것을 해주고 정당한 나의 가치, 즉 돈을 요구했다.

겸손이 미덕인양 혹은 가만히 있어도 알아서 나의 진가를 알아봐줄거라 생각하지 말아야 한다. 나 자신의 강점을 최대한 포장해서 활용할 수 있는 모든 매체를 활용해서 홍보해야 한다. 별로 대단하지도 않은 나 같은 사람을 어떻게 홍보하느냐 혹은 나는 별일 없어서 괜히 유명해지면 남들에게 기대만 주고 그들에게 폐만 끼칠 것 같아서 고민하고 있는가? 이럴 때는 속으로 이렇게 외쳐라. '나는 대단하다. 나는 미친놈이다.' 나 자신을 과대포장해야 한다. 나는 대단하고 엄청난 사람이라고 생각해야 한다. 만약 실력이 조금 부족한거 같으면 빠르게 부족한 부분을 학습하면 된다. 지속적으로 본인의 전문 분야를 알리고 고객들이 당신을 전문가로 인정하고 일을 맡기게되면 실제로 그 분야의 전문가가 되어 있을 것이다. 그 분야의 일과 공부를 병행하면서 실력이 쌓여가고 아무도 넘보지 못한 전문가가 되어 있을 것이다. 한번 흐름을 타고 유명세를 타기 시작하면 그 다음부터는 아마 너무 연락이 와서 주체를 하지 못할 것이다. 그때부터는 홍보를 안해도 자연히 홍보가 된다. 고객들의 입소문, 후기가 강력한 홍보수단이 된다. 이 정도까지 올라왔으면 빠르게 높은 수입을 얻을 수 있는 일만 수임하고 나머지는 거절하거나 혹은 중계료를 받고 다른 외주에 맡기면 된다.

나는 고객들의 후기를 대단히 중요하게 여긴다. 그들에게 돈을 받는 것보다 정성스런 감사의 후기 몇 줄을 받는 게 더 기쁠 때도 있다. 좋은 후기를 하나 받으면 내 자산이 증가한 기분이 든다. 나는 후기들을 최대한 잘 보관하고 후기를 써준 고객들에게 감사의 인사를 잊지 않는다. 그렇다고 고객들에게 후기를 써달라고 강요하지는 않는다. 일 하나가 마무리되면 간단하게 후기를 써주시면 감사하겠습니다라는 정도로 남긴다. 쇼핑몰에서 상품을 사거나 영화관에 영화보러 가기전에 가장 먼저 온라인상에서 보는 게 무엇인가? 대부분의 사람들은 검색이후 나오는 상세 설명을 하나하나 읽기보다는 평점과 후기를 먼저 본다. 이미 먼저 구매했었던 사람들의 후기는 실제 데이터에 입각한 사실이다. 무엇보다도 신뢰가 가는 강력한 메시지이다. 나는 좋은 후기는 따로 정리해서 나를 PR할 때 이용한다. 고객들은 좋은 후기가 있는 상품, 서비스에 집중한다. 가장 신뢰할 수 있는 강력한 증거이기 때문이다.

요약

· 가장 쓸데없는 스펙중에 하나가 자격증 모으기이다.

· 본인의 전문분야 하나를 정하고 그 전문 분야에 관한 스펙만 쌓아야한다.

· 각종 온라인 플랫폼을 활용하여 나 자신을 최대한 홍보하라.

· 나 자신을 과대평가하라.

· 고객의 소중한 후기는 강력한 증거로 작용한다. 후기를 소중히 다뤄라.

상대방이 청구서를 요구할 때
비용을 올려라

많은 사람들이 오해하는 것 중에 하나가 부자가 되려면 열심히 일해야 한다는 말이다. 나는 이 말을 완전한 헛소리라고 생각한다. 중고등학교 때에는 열심히 하면 명문대학교에 입학할 확률이 높아질 수도 있지만 부자가 되는 것은 열심히 일하는 것과는 하등 상관이 없다. 사실 성인 중 열심히 안 사는 사람이 어디 있는가? 다들 열심히 산다. 정확히 말하면 열심히 살지 않으면 먹고 살기가 힘들다. 생계를 유지하기 위해 열심히 살 수밖에 없다. 오전 8시경에 지하철, 버스, 고속도로로 나가보아라. 이른 아침부터 일하러 나가는 사람들로 꽉 차 있다. 서울 2호선 지하철을 타면 앉을 자리는커녕 서있을 공간조차 잡기 어렵다. 숨조차 쉬기 힘든 공간에서 일을 하러 출근하는 사람들로 가득하다. 또한 저녁에 도심 빌딩을 지나가봐라. 늦은 시간 야근을 하는 사람들로 가득차 있다. 칼퇴는커녕 일하기 바쁘다. 그러면 이렇게 열심히 살면 다 부자가 되어 있는가? 오히려 아니다. 오히려 진짜 부자들은 열심히 살지 않는다.

열심히 살지 않는데 부자가 된다구? 맞다. 열심히 살지 않아도 부자가 될 수 있다. 사실 주변의 정말 부자인 사람들은 아침부터 밤늦게까지 일하지 않는다. 그들은 노동의 시간으로 돈을 벌기보다는 머리를 쓴다. 머리를 써서 조금만 일하고도 많은 돈을 벌거나 일은 아예 안 해도 돈을 벌 수 있는 시스템을 구축한다.

인간의 시간과 체력은 한정되어 있다. 누구나 하루 24시간이 주어지고 체력은 사람마다 조금씩 다르지만 누구나 하루에 6~10시간은 자야 한다. 그러면 결국 주어진 체력 안에서 주어진 시간은 누구나 다 비슷하다는 것이다. 그 안에서 아무리 최대치로 일의 시간을 늘린다고 하더라도 수입은 별반 달라지지 않는다. 마치 오래된 교체하지 않은 엔진오일로 최대치의 엑셀을 계속해서 밟는 것과 같다. 오히려 그렇게 자기 몸을 혹사하면 과로로 건강만 해칠 뿐이다. 그리고 건강을 해치면 병을 보살피느라 일할 수 있는 시간이 더더욱 줄어든다.

그러면 어떻게 해야 하는가? 주어진 일하는 시간에 벌 수 있는 수입, 즉 본인의 내재적 가치를 올리던가 일하는 시간과 관계없이 돈이 들어오는 시스템을 구축해야 한다. 이번 장에서는 전자인 주어진 일하는 시간에 버는 수입을 늘리는 것에 대해서 말해보겠다. 자수성가 부자가 된 사람 중에는 주어진 일하는 시간에 벌 수 있는 수입이 많아서 된 사람들이 꽤 있다. 우리가 흔히 말하는 의사를 비롯한 전문직들이 이러한 부류에 속할 수 있다. 강남의 성형외과 원장들은 월 수익이 일반 회사원에 비해 훨씬 많다. 또한 더욱 극단적인 예로 연예인, 운동선수들을 들 수 있다. 유명 연예인들은 회당 출연료가 몇 천만 원에 이른다. 일반 회사원들이 회사에서 시급 1~3만 원 받고 일할 때 그들의 시급은 몇백에서 몇 천원만 원인 것이다. 유명 스포츠 선수들의 연봉도 엄청나다. 그들은 몇백억정도 되는 연봉을 받고 일을 한다. 회사원 연봉을 5천만 원이라고 가정했을 때 100년 동안 일해도 그런 선수의 1년 연봉도 벌지 못하는 것이다.

따라서 본인의 시급으로 환산한 내재적 가치가 낮으면 아무리 애를 써도 절대 부자가 될 수 없다. 차라리 일을 안 하고 쉬는 게 낫다. 나는 무조건 열심히 일만하면 부자가 된다는 생각을 가진 지인들에게 그냥 놀거나 잠을 자라고 한다. 그게 오히려 돈 버는 데 더 도움이 될 수 있다. 충분한 휴식을 취하면서 재충전하고 생각을 정리해서 방향을 잡으면 무조건 열심히 일하는 것보다 훨씬 나은 미래를 꿈꿀 수 있다.

결국 열심히 일하는 게 중요한 게 아니라 주어진 일하는 시간에 얻는 수입을 늘려야 한다. 이전 장들의 내가 한 말들을 그대로 실천한다면 여기저기서 일거리가 들어올 것이다. 물론 일거리가 아예 없다가 들어오면 신나서 이것저것 닥치는대로 하고 싶을 것이다. 하지만 일단 물러나서 자신의 가치에 합당한 비용 청구를 먼저 해야 한다. 상대방이 값싼 비용을 요구할 때에는 정중하게 거절하면 된다. 절대 미안하거나 죄송한 게 아니다. 본인이 충분히 고가의 비용을 받을만한 자격이 있다고 생각해야 한다. 또한 그만한 자격이 되도록 전문가가 되면 된다. 지금 당장 본인이 평소 생각하고 있는 본인의 시급을 10~30% 올려라.

나는 프리랜서로 활동하면서 다른 프리랜서들보다 가격을 높게 매겼다. 누가 봐도 내가 요구하는 가격이 다른 사람들에 비해 높다고 생각했다. 하지만 나는 나 스스로가 그에 합당한 가치를 가진 사람이라 생각했기 때문에 아무런 거리낌없이 내가 생각하는 가격을 요구했다. 물론 너무 터무니없이 높은 가격을 매기지는 않았다. 만약 너무 터무니없는 비용을 요구하면 고객들이 아예 찾지 않을 것이기 때문에 자연히 다시 가격을 낮출 수밖에 없다. 어쨌든 내가 다른 사람들에 비해 높게 비용을 요구하자 처음에는 왜이렇게 비싸냐고 묻던 사람들이 차차 실력좋은 전문가이니깐 비싸게 받는 거라고 생각하며 다시 나를 찾아왔다. 오히려 나의 상대적으로 높은 가격이 내 서비스 품질도 좋을 거라는 인식을 심어주었다. 돈을 더 쓰더라도 고품질은 선호하는 고객들이 나를 찾아왔다. 나는 그때마다 집중해서 작업을 완수해 고객이 만족할 만한 결과를 드렸다. 만약 저비용으로 닥치는대로 일을 받았으면 상대적으로 각각의 일에 집중하지 못하여 좋은 결과를 내지 못했을 것이다. 오히려 고비용으로 받으니 상대적으로 소수의 일에 집중할 수 있었고 좋은 결과로 답해 소문을 듣고 더욱 더 일거리가 들어왔다. 나는 하루에 2~4시간정도 일을 하지만 보통 시급으로 따지면 20~30만 원 정도 되기 때문에 회사원 월급보다 많이 벌고 있다. 그리고 앞으로 시급을 더욱 더 높일 생각이다. 일은 더 적게 하고 더 많이 버는 것이다. 남는 시간은 휴식, 공부, 운동을 하며 재충전하는 시간을 가진다.

남자들이 흔히 로망으로 품는 자동차를 예로 들어보자. 국산 차가 상대적으로 저렴하고 타고다니는 데에 기술적인 성능도 문제 없지만 모두들 외제차를 타고 싶어한다. 이유는 비싸니깐 웬지 더 좋아보이고 더 멋져보여서이다. 미용 진료를 받으러 비싼 강남의 병원까지 오는 이유가 무엇인가? 강남의 병원이 비싸더라도 더 잘할 것 같아서이다. 돈을 더 내고서라도 좋은 품질의 제품과 서비스를 얻고자 하는 고객들이 널려 있다. 그들을 잡으면 된다. 그리고 실제로 높은 품질의 결과를 제공해주면 된다.

내가 안타깝게 생각하는 현실 중에 하나가 대한민국 IT 개발자들의 처우이다. IT 강국에 걸맞게 수준급의 개발자들이 많이 있지만 그들의 처우는 다른 선진국에 비해서 굉장히 열악하다. 야근을 밥먹듯이 하지만 야근 수당은 없고 기본급도 굉장히 열악한 실정이다. 나는 그 이유 중에 하나가 개발자들이 스스로 본인들의 가치를 높게 책정하지 못했기 때문이라 생각한다. 사장이 낮은 월급을 준다해도 아무 말없이 그대로 받아들이다보니 악순환이 시작되는 거라 생각한다. 본인들의 가치를 높게 여겨야 한다. 그리고 그만한 가치를 당당히 요구해야 한다. 정당한 가치를 받지 않고 일하는 것은 노예와 다름없다. 나는 일을 하다보면 나이 지긋한 사장님들이 주는 일거리도 꽤 많이 만나게 된다. 내가 생각하는 비용을 청구하면 프리랜서 주제에 왜 이렇게 비싸냐고 반문하는 경우가 있다. 그들이 생각하는 프리랜서는 월급 200~300만 원 정도에 매일같이 야근을 하는 노예로 생각하는 것 같다. 나는 10년 가까이 해당 분야를 연구한 사람이기 때문에 이 정도 가격을 당연히 받을 만한 사람이라고 생각해서 청구했다고 당당히 말한다. 상대방이 받아들이지 않으면 그냥 일을 안 하면 되는 것이다. 본인의 가치를 폄하하는 상대방의 요구는 정중하지만 단호하게 거절하면 된다.

마지막으로 피카소의 일화를 말해보겠다. 피카소가 카페에 앉아 있자 한 여인이 다가와 본인의 초상화를 그려달라고 말했다. 피카소는 5분도 안되 그림을 완성하고 지금 돈으로 약 8천만 원을 달라고 요구했다. 너무나 비싼 금액에 놀란 여인이 단 몇 분만에 그림을 그려놓고 너무 비싼게 아니냐고 묻자 피카소가 다음과 같이 말을 하였다.

'방금 나는 연필질을 몇 분 밖에 하지 않았지만 당신을 이렇게 그릴 수 있게 되기 까지 40년이 걸렸소.'

본인의 실력에 대한 자부심이 실로 엄청났었던 것이다. 독자들도 하나의 전문분야를 정해 집중적으로 실력을 쌓고 전문가가 되어서 높은 비용을 청구하길 바란다. 절대로 미안하거나 죄송한게 아니다. 자신의 받을 만한 합당한 가치를 거침없이 당당하게 요구하라.

요약

- 열심히 일하면 부자가 될 수 있다는 말은 헛소리다.
- 인간의 시간과 체력은 누구나 한정적이다.
- 본인의 시급을 지금당장 높여라.
- 높은 가격은 높은 품질은 연상하게 하여 오히려 고객을 끌어들인다.
- 본인의 합당한 가치를 당당히 요구하라.

어렵고 저렴한 일은 하지 마라
쉽고 비싼 일만 해라

이번 장의 제목이 상당히 자극적일 수 있다. 쉬우면서 비싼 일이 있을 수 있다구? 좀 더 자세히 말하면 '나에게' 라는 단어가 앞에 붙어야 한다. 즉 나에게 쉬운 일이지만 비용을 높게 청구할 수 있는 일을 하라는 말이다. 사람은 누구나 각자의 재능이 있기 마련이다. 따라서 남들에게는 쉽지만 나에게는 어려운 일이 있고 남들에게는 어렵지만 나에게는 쉬운 일이 있다. 이처럼 사람마다 각자의 잘하는 것이 있는데 대한민국 사회는 학창시절부터 일방적인 시험으로 서열을 매겨 일등과 꼴찌를 갈라놓고 그 안에서 승자와 패자를 만들어낸다. 학창시절의 이 같은 과정은 20대가 되어서도 계속 이어진다. 수능 시험을 잘 보면 인생의 승리자가 된거 같고 명문대에 합격하면 인생의 승리자가 된 거 같고 대기업사원, 공기업사원, 공무원이 되면 인생의 승리자가 된 거 같다. 반대로 위의 것들을 이루지 못하면 패배자가 된 것처럼 느껴진다. 정말 웃기지 않는가? 각자마다 잘하고 좋아하는 게 있는데 웬지 모르게 저 서열싸움에서 이겨야 할거 같아 하기 싫은 경쟁에 끼어들어야 한다. 남들이 다 명문대에 가려 하니

간 재수를 하고 남들이 다 대기업, 공기업에 가려하니깐 취준에 매달린다. 또는 공무원이 되기 위해 노량진을 전전하며 공부에 매달린다. 물론 공부를 좋아하며 잘하고 또 그에 대한 뜻이 있으면 이러한 스텝을 밟는 것이 이해가 간다. 하지만 대부분 남들이 하니깐 나도 웬지 해야할거 같아서 동요 되서 하고 있다. 쉽게 말해서 내가 하기싫고 재능이 없는 것은 과감히 하지말고 내가 하고싶고 잘하는 것을 해야 하는데 그러지 못하고 있는 것이다.

예를 들어 보자. 나 같은 경우는 수학, 통계 알고리즘을 좋아한다. 그래서 지금은 내가 잘하는 것을 이용해 빅데이터 분석가로 활동하고 있다. 하지만 나도 과거에는 남들이 다 하고 있으니깐 나도 해야할거 같아서 동요된적이 많다. 우선 석사 졸업 시점에는 그래도 전공이 컴퓨터 관련 학과이니깐 개발이 기본이 되어야 한다고 생각해 개발공부를 열심히 하였다. 맞는 말이다. 사실 컴퓨터 관련 학과 졸업생들중 상당수가 개발자로 진로를 잡는다. 그래서 나도 웬지 개발공부를 해야할거 같았다. 아침부터 저녁까지 하루 종일 학원에서 자바 개발자 수업을 들었다. 자바 개발자는 대한민국에 엄청 많은데 나도 그 많은 무리안에 끼어야겠다는 생각에 학원 수강을 한 것이다. 하지만 재미가 없었다. 또 열심히 해도 다른 수강생보다 잘하는 것 같지도 않았다. 4개월동안 학원을 다녔는데 스스로 이렇다 할 자바 개발 프로젝트를 만들지도 못했다. 그리고 취업을 하려고 했는데 이미 자바개발자들은 너무나도 많아 내가 두각을 내기 힘들었다. 어찌어찌 취업은 했는데 개발 업무가 나와 맞지 않고 재미가 없어서 몇개월 후 데이터 분석직으로 이직을 하였다. 지금 생각하면 어리석었었다. 4개월동안 학원을 다닐 바에야 그냥 집에서 쉬거나 독서를 할 걸 그랬다. 컴퓨터 관련 학과 학생들이 대부분 개발자가 되니 나도 개발을 배워야 겠다라는 생각은 정말 어리석었다. 실력도 빨리 늘지 않고 재미없었던 개발을 길게 잡고 끙끙대었었던 내가 후회스럽다.

이외에도 중국어 열풍이 부니 나도 중국어를 배워봐야 겠다라는 생각에 학원을 다니고 과외를 받았던 기억이 있다. 나는 중국어 단어외우는 게 너무 힘들었다. 단어하나하나가 다 한자로 되어 있어 한자 외우는데 시간이 너무 오래 걸렸다. 오기가 생겨 하루에 많은 시간을 단어 외우는데 시간을 할애 했다. HSK 4급까지는 땄는데 5급부터 갑자기 단어 난이도가 너무나도 증가하여 몇 번을 시도했지만 5급은 따지 못했다. 그리고 지금은 중국어 공부를 하고 있지 않다. 생각해보면 잘 안되는걸 오랜 시간 끙끙대며 공부했었던 내 자신이 후회스럽다. 더군다나 중국어는 내 전공과 관련이 없기 때문에 내가 왜 그렇게 오기를 부려가며 공부했는지 이해가 안 간다.

요지를 말하자면 나에게 쉬운, 즉 내가 잘하는 것을 하면 된다. 시대의 흐름이니 남들은 다 저걸 한다느니 귀기울일 필요 없다. 그냥 내가 좋아하고 나에게 쉽고 내가 잘하는 것을 더욱 잘하면 된다. 그러면 그 분야의 전문가로 인정받고 높은 비용을 청구할 수 있다. 특히 남들이 다 하는 것을 하다보면 공급이 많아져서 단가도 떨어져있을 확률이 크다. 국내 자바 개발자들의 연봉이 그리 높지 않은 것만 봐도 알 수 있다. 오해 마라. 물론 자바 개발자분들중에 실력자분들은 높은 가치를 대우 받고 있다. 하지만 이제 막 배운 신입 자바 개발자분들의 연봉수준은 그리 높지 않다. 간단하다. 다른 신입 자바 개발자도 많기 때문이다.

하지만 일을 하다 보면 내가 못하는 것도 어쩔 수 없이 해야 할 때가 있다. 나 같은 경우는 빅데이터 분석 결과를 웹상 또는 GUI로 시각화해야 할 때가 종종 있다. 물론 간단한 시각화 정도는 나도 하지만 응용프로그램 솔루션 수준으로 만들어야하는 프로젝트는 내가 하지 못한다. 그러면 어떻게 하냐구? 밤을 새워가면서 시각화 프로그램 솔루션을 공부해서 구현하면 될까? 아니다. 잘하는 사람에게 외주를 맡기면 된다. 외주를 맡기면 시간도 절약되고 품질도 내가 한 거 보다 더 좋다. 나는 시간을 아껴 또 다른 데이터 분석 프로젝트 일을 더 할 수 있고 고객은 높은 품질에 만족을 표한다.

나는 내가 잘하는 것만 파면 된다. 나는 내 분야의 일에 숙달되어 있기 때문에 웬만한 데이터 분석건은 순식간에 끝낸다. 이미 분석유형별 코드가 다 저장되어 있고 분석 로직이 머릿속에 있기 때문에 고객 데이터에 맞추어 조금만 변형하면 된다. 그래서 데이터를 받고 데이터에 대한 설명을 이해하면 바로 순식간에 일을 끝낸다. 즉 나에게는 데이터 분석건 일이 쉽다. 이것만 해왔기 때문에 쉬운 것이다. 마치 달인과도 같다라는 생각이 든다. 그렇다고 일이 쉬우니깐 단가를 작게 받아야 하는가? 아니다. 나는 비싸게 받는다. 일이 1시간도 안되서 끝나도 내가 생각하는 가격을 과감히 부른다. 왜냐하면 나에게는 쉽지만 다른 사람들에게는 쉽지 않은 나만의 강점이기 때문이다. 대신 나도 못하는 게 많다. 웹개발, 응용프로그램 개발, 게임개발, 서버관리 등은 내가 잘하지 못하는 거다. 아주 기본적인 예제도 빨리 하지 못해 끙끙댄다. 그래서 나는 내가 못하는일은 하지 않는다. 피치 못해 해야할 때에는 외주인력에 맡긴다. 나는 각파트별 믿음직한 사람들과 긴밀히 교류하고 있다. 그 파트에 일이 필요하면 지체 없이 그들에게 연락해 일을 넘겨주고 사례를 한다.

요약 ——————————————————————————

· 남들이 다 한다고 따라하지 마라
· 내가 좋아하고 쉽게 잘할수 있는것만 해라
· 너무나도 일이 쉬워도 당당히 높은 가격을 청구하라.
· 피치못하게 내가 못하는 일을 해야할 때에는 외주를 맡겨라.

제4부
시스템을 구축하고
일을 적게 하라

일을 안하고
돈이 나오는
시스템을 만들어라

사람의 시간과 체력은 한정되어 있다. 특히 가장 머리가 잘 돌아가고 오랜 시간 집중할 체력이 있는 젊은 날은 길지 않다. 대학 졸업하고 결혼하기 전까지 10년 남짓한 기간이 사실상 전부라 보아야 한다. 그 시간이 도전할 수 있는 가장 최적의 시간이라고 생각한다. 그 시간 안에 본인의 내재적 가치를 최대한 끌어올려 최대한 돈을 많이 벌거나 자동으로 돈이 들어오는 시스템을 만들어야 한다. 전자는 이전 장에서 소개하였으니 이번 장에서는 자동으로 돈이 들어오는 시스템에 대해서 이야기 하겠다.

자동으로 돈이 들어오는 시스템 중에 가장 대표적인 것은 임대 사업이다. 흔히 말해 부동산을 사고 월세를 준 다음 다달이 월세를 받아먹는 방식인 것이다. 빠른 고도화 시기를 겪은 대한민국에서 부자가 된 사람들이 주로 사용했었던 방식이다. 강남에 땅이나 건물을 사고 임대료를 받으면서 부자가 된 사람들이 많다. 이와 같은 방식에 대해서 불로소득이라고 말하면서 비난하는 사람들이 있다. 일도 안하면서 돈을 버는 사람들이라며 뒤에서 손가락질 하는 것이다. 이런 말하는 사람들은 백프로 부자가 아니라고 보면 된다. 열심히 일을 하고 그에 대한 수당을 그때그때 받는 것만 정직하고 옳은 방법이라 생각하고 자동으로 버는 불로소득을 나쁜 소득으로 생각하는 마인드를 가지고 있으면 절대 부자가 될 수 없다. 한 마디로 두 가지 다 해야 한다. 일을하면서 돈을 벌면서 동시에 일을 안하면서도 돈을 벌어야 한다. 즉, 시스템이 자동적으로 돈이 나오게 해야한다.

소위말해 '돈이 열리는 나무'를 심어야 한다. 노력 없이 운으로 로또나 일확천금을 꿈꾸라고 하는 게 아니다. 이 돈이 열리는 나무, 즉 시스템을 구축하기 위해서는 피나는 노력이 요구될 수 있다. 시스템을 구축하기까지는 시간이 걸리고 그동안은 돈벌이가 안될 수 있지만 일단 시스템이 구축되기만 하면 저절로 소득이 생긴다. 그 소득은 당신이 아파서 일을 안 해도, 혹은 당신이 쉬고 싶어 휴가를 가도, 혹은 당신이 업무능력이 떨어져서 일을 못하게 되더라도, 계속해서 불로소득으로 당신의 통장에 입금될 것이다. 이 돈이 열리는 나무가 처음에는 보잘 것 없지만 자꾸 심다보면 눈덩이처럼 쌓여 어느덧 일을 아예 안해도 자동으로 들어오는 소득으로만 충분히 여유로운 생활이 될 수가 있다. 그 정도 수준이 되면 은퇴해도 된다. 더 이상 일할 필요가 없다. 왜냐하면 일을 안해도 계속해서 충분한 돈이 들어오기 때문이다. 아니면 일을 안해도 되기 때문에 일하는 시간대신에 또다시 다른 돈이 열리는 나무를 심을 수도 있다.

현재 나 같은 경우도 돈이 열리는 나무를 몇 개 심어 놓았다. 이 나무들에서 나오는 소득이 아직까지 충분히 내가 여유롭게 생활할 정도가 안되기 때문에 나는 일도 겸하여 같이 하고 있다. 즉 나는 일하면서 소득이 벌고 있고 돈이 열리는 나무에서 자동으로 나오는 소득이 또 하나 있다. 돈 열리는 나무에서 자동으로 벌어들이는 월 소득은 현재 대기업 신입사원 월급보다는 많은 것 같다.

앞으로도 계속 자동으로 돈을 벌어들이는 시스템에 내 시간과 노력을 투자할 생각이다.

처음에 돈을 벌어들이는 시스템을 구축할 때에는 거의 돈을 벌지 못했었다. 시간은 시간대로 썼는데 일한 시간만큼 돈을 못 벌었다. 하지만 나는 오히려 이 과정을 즐겼다. 일하고 일한 대가로 돈을 받고 끝나는 것 보다 이 시스템이 구축되면 계속해서 들어올 소득을 상상하며 즐겼다. 많은 프리랜서들은 보통 일하고 그 대가를 그때마다 받고 프로젝트를 마감한다. 따라서 내가 프리랜서로 일할 때 의뢰인들은 당연히 이러한 방식으로 제안을 했다. 하지만 나는 이럴 때 다음과 같은 역 제안을 하였다.

"프로젝트 일한 대가를 아예 안 받거나 매우 적게만 받겠습니다. 대신 제가 개발한 솔루션이 판매되면 그 때 벌어들이는 매출액의 일정 비율을 제가 갖도록 인센티브 계약을 하고 싶습니다."

일을 주는 의뢰인들은 의외의 제안에 놀랐지만 대부분 좋아하면서 흔쾌히 승낙하였다. 우선 자신들이 나에게 당장 지불해야 하는 금액이 줄어든다고 생각해서 좋아했던 것 같다. 내 입장에서도 솔루션 품질이 좋아야 실제 매출액이 좋아지기 때문에 더욱 심혈을 기울여 산출물을 만들어냈다. 물론 거절하는 사람들도 있었는데 거절하면 일하고 프로젝트 대금을 받고 끝내는 보편적인 방법으로 계약하면 그만이었다.

현재 이러한 방식의 프로젝트를 5개 정도 하였다. 각 프로젝트는 끝났거나 거의 끝나서 유지보수정도만을 해주고 있지만 나에게는 매달 해당 프로젝트 명목으로 소득이 입금되고 있다. 그중 대표적으로 하나의 프로젝트만 소개해 보겠다. 아마존닷컴에서 책을 사거나 유투브에서 동영상을 볼 때 개인별 맞춤 아이템이 화면에 추천되는 것을 볼 수 있을 것이다. 흔히 말해 추천 솔루션이라고 하는데 내가 공부하는 빅데이터 분석 분야의 한 가지 연구 분야이다. 나도 추천솔루션이 재밌어서 해당 논문과 책을 많이 읽었고 마침 추천솔루션 개발을 문의한 업체가 있어서 바로 프로젝트를 진행했었다. 역시 프로젝트 계약 방식은 솔루션 제작 후 매출액의 일정부분을 인센티브로 갖는 방식으로 맺었다. 계약문서는 매우 중요하다. 나는 개인적으로 계약서만을 믿는다. 계약서를 대충 작성하거나 구두로만 약속한 상태로는 프로젝트를 시작하지 않는다. 인간은 간사해서 최대한 자신들의 돈을 늦게 주거나 안주려 한다. 계약 없이 말로만 약속하면은 나중에 기억안난다고 하거나 애매하게 말을 바꾸어 대금을 안줄수도 있다. 따라서 계약은 최대한 상세하게 작성하고 일을 시작해야 한다.

해당 업체와 개발한 추천솔루션이 여러 번의 시행착오 끝에 성능이 안정되어 본격적으로 쇼핑몰들에 납품중이다. 현재 9개 쇼핑몰에 납품되어 있는 상태인데 앞으로 계속 더 늘려나갈 예정이다. 나는 추천솔루션을 한번만 개발했지만 내가 개발한 솔루션은 무한정의 쇼핑몰에 납품될 수 있다. 더군다나 쇼핑몰 납품을 위한 영업도 내가 하는 게 아니다. 그리고 납품 쇼핑몰 개수가 하나씩 늘어날 때마다 내 통장에 입금되는 소득도 함께 늘어난다. 하나의 돈이 열리는 나무가 탄생한 것이다. 현재 이 추천 솔루션으로 받는 인센티브 액수가 월 150여만 원 되는데 나는 그 150여만 원을 벌기 위해 거의 아무것도 안해도 된다. 아주 가끔 간단한 코드 파라미터 수정 정도만 해주고 있다. 시간으로 따지면 일주일에 10분도 안 되는 것 같다.

이렇게 버는 방식이 정당하지 못하다고 생각하는가? 열심히 일하고 그때마다 버는 돈만이 가치 있다고 생각하는가? 당장 당신의 사고방식을 바꿔야한다. 열심히 일하고 그때마다 돈을 버는 방식, 즉 이러한 노가다 방식을 고집해서는 절대 부자가 되지 못하고 절대 은퇴를 할 수 없다. 평생 이러한 노가다 방식의 일을 하며 하루 벌어 하루 먹고사는 인생이 되풀이 될 것이다. 조금 과격하게 말을 했다면 양해 바란다. 하지만 너무나도 이러한 생각을 가진 사람들이 많은 거 같아 표현을 과격하게 썼다. 특히 우리 부모님 세대들은 이러한 방식이 전부이고 가치 있는 방식이라고 생각한다. 아침 일찍 출근하고 밤 늦게 퇴근해서 매달 받는 월급만이 가치가 있다고 생각하는 것이다. 절대 이러한 생각에 현혹되어서는 안된다.

그러면은 어떻게 돈이 열리는 나무를 심을 수 있을까? 각 분야마다 얼마든지 머리를 굴리면 돈이 열리는 나무를 심을 수 있다. 임대업 같은 돈이 열리는 나무는 어느 정도 목돈이 필요하지만 돈 없이 아이디어만으로도 얼마든지 돈이 열리는 나무를 심을 수 있다. 소위 말해 뇌가 깨지도록 머리를 굴리고 생각해야 한다. 어떻게든 돈이 열리는 나무, 즉 자동으로 돈이 나오는 시스템을 본인의 분야에서 만들어내야 한다. 처음에는 큰돈 벌지 못할지라도 시작해야 한다. 일단 한번 돈이 열리는 나무가 물꼬가 터지면 그 액수가 점점 더 눈덩이처럼 커질 것이다.

간단히 돈이 열리는 나무가 될 수 있는 시스템 5가지를 소개해 보겠다. 1)임대 시스템, 2)컴퓨터 소프트웨어 시스템 3)콘텐츠 시스템 4)유통 시스템 5)인적자원 시스템이 그것이다. 1번은 어느 정도 목돈이 필요할 수 있다. 나머지 방법들은 오직 아이디어만 있고 실행력만 뒷받침된다면 가능하다. 나는 2, 3, 4, 5번 방법 모두를 활용 하고 있다. 2번) 빅데이터 분석 솔루션을 개발하여 그 개발대가로 매달 인센티브를 받고 있다. 3번) 책을 써서 인세료를 받고 있다. 4번) 내가 만든 빅데이터 분석 솔루션을 영업전문 인력이 여러 다른 업체들에 영업하여 그대로 복사하여 납품되고 있다. 내가 쓴 책도 YES24, 인터파크등의 유통채널을 통해 팔리고 있다. 5번) 나는 내가 고용주로 다른 빅데이터 분석가들과 프리랜서 계약을 맺고 있다. 나에게 일이 많이 들어오기 때문에 내가 다 못할 때에는 나는 중계료만 받고 내가 계약 맺은 다른 분석가에게 일감을 준다. 일감만 바통 터치했지만 나는 중계료를 수수료로 얻는다.

독자분들도 얼마든지 돈이 열리는 나무를 만들 수 있다. 블로그를 쓰던 책을 쓰던 유투브 동영상을 만들던 지금 당장 컴퓨터 한 대만 할 수 있는 게 너무나도 많다. 명문대 또는 박사학위같은 것은 그다지 큰 도움이 안된다. 본인들이 잘하는 분야에서 돈이 열리는 시스템을 잘 갖다 붙이면 된다. 어떻게 잘 갖다 붙이냐구? 그것은 스스로 생각해야 한다. 뇌가 깨지도록 치열하게 생각을 해야한다. 그리고 일단 한번 물꼬가 트면 시스템이 구축되고 점점 더 커지도록 정진하라.

회사원들은 회사에서 일을 열심히 한다. 열심히 해봤자 어차피 월급은 같다. 일년에 한번 월급이 인상되어봤자 큰폭으로 오르긴 어렵다. 즉, 시간과 돈을 바꾸는 노가다를 하고 있는 것이다. 하지만 이 노가다는 그 액수가 크지 않은 이상 아예 안하거나 하게 되더라도 최대한 열심히 안하고 대충해야한다. 한정되어 있는 내 소중한 시간과 체력을 노가다에 쏟지 말고 돈이 열리는 나무 만드는데에 써야 한다. 이 나무가 만들어지는 순간 당신이 일하는 시간은 점점 더 줄어들고 빠른 은퇴가 현실로 다가올 것이다.

요약 ─────────────────────────────────

· 일을 안하고 버는 돈은 나쁘다라는 사고방식을 당장 뒤집어 바꿔라.

· 당신의 분야에서 돈이 열리는 나무를 만드는 것을 당장 시작하라.

· 돈이 열리는 나무를 만드는 방식으로는 임대 시스템, 컴퓨터 소프트웨어 시스템, 콘텐츠 시스템, 유통 시스템, 인적 자원 시스템이 있다.

· 당신의 한정된 소중한 시간과 체력을 노가다에 쏟지 말고 돈이 열리는 나무 만드는데에 쏟아라.

혼자 할 수 있는 것은 없다
훌륭한 팀원을 구하라

사람은 누구나 본인의 재능이 몇 가지 있다. 그리고 그 재능을 찾아 갈고 닦아야 전문가가 되는 것이다. 불행한 사실은 사람은 그 재능이 몇가지에만 한정되어 있다는데에 있다. 공부도 잘하는데 운동도 잘하고 노래와 춤도 잘 추는 만능 재능꾼은 없다는 것이다. 특히 20대에 접어들고 대학을 나오면은 어느 정도 본인이 하는 몇 가지 이외에 다른 것까지 잘하기는 어렵다. 우선 사회가 점점 고도화되면서 새로운 분야를 처음부터 배워서 전문가 수준까지 도달하기까지 너무나 시간이 오래 걸린다. 또한 새로 시작하는 그 분야가 본인의 적성과 맞지 않으면 오랜 시간을 투자하더라고 성과가 안 나올 수가 있다. 당신이 머리가 엄청나게 좋은 천재이면서 하루 24시간 온전히 집중할 수 있는 엄청난 체력을 지니지 않는 이상 다양한 분야를 다 익혀서 잘하기는 불가능한 것이다.

하지만 퇴사 후 독립하게 되면 회사에서 같이 일하던 팀원도 없고 혼자가 되어서 앞이 막막해질수 있다. 본인이 잘하는 것은 고작해야 한 두가지에 불과한데 회사라는 울타리에서는 다른 사원들과 협업했지만 이제는 협업할 사람이 없어 고민에 빠질 수 있다. 물론 본인이 잘하는 한 두가지로도 충분한 수익이 창출될 수 있다. 그러면 더할나위없이 좋겠지만 그러한 상황은 많지 않을 것이다. 나 같은 경우는 빅데이터 분석 모델을 만드는것만 중점적으로 한다. 데이터베이스와 서버관리는 전문가수준까지는 아니지만 어느 정도 할 수 있다. 따라서 빅데이터 분석 모델만을 의뢰하거나 데이터베이스, 서버관리가 초보적인 수준만 요구되는 의뢰는 나 혼자서 할 수 있다. 하지만 대용량 데이터라서 고도화된 데이터베이스관리 및 서버관리가 요구될 때에도 있고 모델을 웹 UI로 시각화까지 요구하는 의뢰인들이 많다. 그러면 그냥 포기해야 하냐구? 아니다. 내가 못하는 부분을 잘하는 사람을 팀원으로 두고 같이 일하면 된다. 여기서 같이 일한다는 게 회사 출근하는 것처럼 매일매일 한 장소에서 일해야 한다는 뜻이 아니다. 그냥 일이 생길 때마다 전화로 일거리를 말하고 서로 각자의 장소에서 일을 분배해서 하면 된다. 물론 사전에 양자간 계약을 맺고 수익 분배는 확실히 해야 한다. 나는 일하면서 여러사람들을 만났는데 특정 분야에서 실력이 확실한 실력자들은 해당 프로젝트가 끝난 후에도 계속 연락을 지속하고 있다. 그리고 내가 식사도 대접하고 안부도 계속 물으면서 좋은 관계를 유지하려고 한다. 한마디로 인재를 얻기 위해 유비가 삼고초려한것처럼 나도 그를 극진히 대접하는 것이다. 마침내 양자간의 신뢰관계가 구축되고 함께 일할거리가 생기면 나는 협업을 제안하고 파트너 계약관계를 맺자고 말한다. 나 혼자만 잘 되기 위해서 맺는 파트너 관계가 아닌 서로간의 시너지효과를 내는 파트너관계이기에 상대방도 대부분 허락한다. 이렇게 내가 잘하지 못하는 각 분야의 실력자들과 파트너관계를 맺으면 1+1=2 이상의 훨씬 큰 파워를 갖게 된다. 이런식으로 나는 여러 팀원들을 모집했고 빅데이터 분석 의뢰가 들어오는 웬만한 의뢰는 다 처리할 수 있는 전문가 집단을 구성했다. 빅데이터 분석 모델링, 서버관리, 데이터베이스 관리, 앱개발, 웹개발, cs개발자까지 모두 포섭했다. 들어오는 의뢰는 이 안에서 다 해결된다. 특히 각 분야의 실력자들이기 때문에 웬만한 중견기업급도 이정도의 인재풀은 갖지 못할거라 확신한다.

위의 상황은 내 상황이지만 독자분들이 어떠한 분야에 종사하더라도 협업은 필수이다. 유튜브 크리에이터가 되더라도 카메라맨, 영상편집 등은 다른 사람들에게 맡긴다. 책을 쓰더라도 교정, 교열을 위한 출판사 직원이 필요하다. 당신이 어떤 것을 하더라도 결국 혼자는 한계가 있기 마련이다. 무조건 훌륭한 인재들과 가깝게 지내고 그들과 신뢰관계를 구축하여야 한다. 그리고 협업할 일이 생기면 서로 윈윈할 수 있는 파트너관계를 제안하여야 한다.

또한 훌륭한 팀원을 구축하면 이전 장에서 언급한 돈이 열리는 나무를 심는 것이다. 돈이 열리는 나무 심기 방법 5가지 중 5)인적 자원 시스템이 이에 해당하는 것이다. 훌륭한 팀원들을 모집하면 본인이 잘하는 것만 순식간에 빨리 해치우고 쉴 수 있다. 나머지 잔업은 다른 팀원들이 분배해서 하기 때문이다. 이런식으로 일처리를 하게되면 효율성이 올라가 품질도 올라가도 더욱더 좋은 일거리가 들어올 것이다. 그러면 또다시 본인이 잘하는 것만 순식간에 해치우고 쉬면 된다. 즉, 선순환이 계속 반복되는 것이다. 나는 쉽고 빠르게 일을 해서 일을 얼마 안 한 것 같지만 산출물의 품질은 엄청난 파워를 갖게 될 것이고 그에 따라 수익도 증가할 것이다.

카카오의 창업자이자 의장인 김범수는 엄청난 인재욕심이 있는 것으로 유명하다. 김범수 의장 본인도 서울대 공대 출신의 똑똑한 인재였지만 본인과 함께 시너지 효과를 낼 수 있는 다른 분야의 인재를 포섭하기 위해 엄청난 노력을 기울였다. 이전에 다녔던 직장, 학교 선후배, 지인들의 소개등 여러 루트에서 만나 알게된 인재들은 꼭 포섭하려 했다. 그리고 거듭되는 창업을 할때마다 그들을 데려왔다. 카카오를 창업할 당시 네이버에서 같이 근무했었던 우수한 인재들을 카카오로 많이 데려왔다. 카카오가 짧은 시간 안에 엄청난 성장을 거듭한데에는 우수한 인적자원이 분명 큰 도움이 되었을 것이다.

같이 술 마시고 놀 사람을 가까이 두기보다는 나와 시너지 효과를 낼 수 있는 각 분야의 실력자들을 가까이 하고 그들을 극진히 대하라. 퇴사 후 독립하였을 때 그들의 도움이 반드시 필요할 때가 올 것이다.

요약 ────────────────────────────────

· 사람의 재능은 몇 가지에 한정되어 있다.

· 혼자서 모든 것을 다 잘하기는 사실상 불가능하다.

· 내 분야와 시너지 효과를 낼 수 있는 다른 분야의 실력자들을 극진히 대하고 파트너 관계를 제안하라.

· 훌륭한 팀원은 돈이 열리는 나무를 위한 인적 자원 시스템에 해당한다.

일하는 시간을 늘리기 보다는
일하기 최적화된 환경을 구축하라

맹모삼천지교라는 말을 독자 여러분들 모두 들어보았을 것이다. 맹자의 어머니가 맹자의 교육을 위해 교육환경이 좋은 위치로 여러 번 이사를 갔다는 내용이다. 대한민국에서도 어린아이를 둔 학부모들이 교육열이 높은 대치동, 목동 등으로 몰려 해당 동네의 초중고등학교들은 타지역보다 학생 수가 많다. 아무래도 대치동, 목동으로 가게 되면 학원과 같은 교육시설이 잘되어 있고 주변 학생들의 수준도 높아 자연스레 모두들 상향평준화 되는 것이다.

재밌는 사실은 대학가기 위해서는 좋은 환경에서 공부하기위해 온갖 정성을 들이지만 막상 대학을 가면 그전과 같은 노력은 찾아볼 수 없다. 그런데 설사 명문대를 나왔다 하더라고 회사원 인생 이상을 바라볼 수 없다. 명문대를 나오면 다른 대학들에 비해 대기업, 공기업에 취업할 확률은 높지만 결국 1달에 한번 월급 받는 반노예신세일 뿐이다. 따라서 퇴사를 해야 하는데 퇴사를 하게 되면 시간과 돈을 바꾸던 월급쟁이 인생에서 업무성과와 돈을 바꾸는 인생으로 바뀌게 된다. 회사에서는 당신이 아무리 일을 잘해도 시급은 거기서 거기였다. 오히려 일을 잘하는 것에 비례하는 게 아니라 얼마나 오랫동안 회사를 다녔는지, 즉 연공서열에 따라 시급이 차이가 난다. 그리고 그 연공서열에 따른 시급도 얼마 차이가 안난다. 신입사원급은 시급이 1~2만원이면 부장급은 시급이 3~4만원인 것이다. 본인이 1시간동안 아무리 집중해서 일을 하던 대충 시간만 때우던 정해진 시급은 나온다. 하지만 퇴사를 하고 독립을 하면 더 이상 시급으로 수익을 얻지 않는다. 1시간을 일했던 10시간을 일했던 그 성과에 따라 수익을 얻는 것이다. 따라서 본인 하기나름에 따라 시간당 수백만원에서 수천만원까지 벌수도 있다. 하지만 본인이 잘 하지못하면은 회사원서 벌던 시급 1~2만원도 벌지 못할 수 있다. 즉 퇴사를 하고 독립을 하는 순간 시간은 매우 소중해진다. 돈보다 시간이 더 소중한 것이다. 무의미하게 시간과 돈을 바꾸던 회사원 시절에서 주어진 시간 내에 최대한의 성과를 내야하는 시대로 바뀌는 것이다.

그러면 주어진 시간 내에 최대한의 성과를 내려면은 어떻게 해야 할까? 이전 장들에서 설명한 것처럼 계속해서 배워서 자신의 능력을 키워야 한다. 또한 건강한 몸을 유지하는 것도 중요하다. 그리고 또 하나가 있다. 바로 환경이 중요하다. 학생, 공시생, 취준생, 각종 자격증을 공부하는 사람들이 왜 독서실이나 도서관을 이용하는가? 집보다 독서실이나 도서관이 집중이 잘되기 때문이다. 일하는 것도 마찬가지다. 최적의 환경을 구성해야 한다. 자신이 가장 편하고 쾌적하게 일하기 좋은 환경에서 일해야 한다. 이 점에서 회사는 이를 충족하지 못한다. 과연 회사에서 일할 때에 그 환경이 본인에게 최적화된 환경이었나? 당연히 아니다. 우선 오전에 출근지옥을 겪고 사무실에 나오면 몸이 잔뜩 피곤에 쩔어있다. 그리고 사무실 책상에 앉았지만 주변 사람들의 각종 수다와 부산스러움에 집중하기가 어렵다. 조금 집중하려고 하면 커피마시자 담배피자고 주변에서 말을 걸어온다. 또 조금 집중하려고 하면 점심시간이 되거나 각종 회의에 불려가게 된다. 신입사원들은 보통 안 좋은 자리에 배정되는데 자리가 통로나 화장실쪽이면 더 최악이다. 업무시간 내내 소음과 부산스러움에 시달려야 한다. 컴퓨터, 의자, 책상과 같은 각종 장비도 회사가 주는대로 쓰는경우가 많은데 이 역시 최적의 환경과는 맞지 않다. 예를 들어 나는 키가 커서 넓고 높은 의자를 애용한다. 또는 허리디스크가 있는 분들은 기능성 의자가 필요할수도 있다. 하지만 회사에서는 개인별 맞춤이 아닌 일률적인 장비를 제공하고 그대로 쓰라하는 경우가 많다.

한 가지 예시를 말해보겠다. 나는 예전부터 일하는 환경을 매우 중요시했기 때문에 회사 취업하자마자 모니터, 책상, 의자를 사비를 들여 바꾸었다. 들어온지 몇 주도 안 된 신입사원이 가장 좋은 모니터, 넓고 높은 책상, 기능성 의자를 들여놓고 일을 하자 온갖 안 좋은 시선이 쏟아졌다. 한마디로 찍힌 것이다. 물론 내가 법적 또는 도덕적으로 잘못한 것도 없고 장비도 내 돈으로 산 것이라 대놓고 질책할 수는 없었지만 대한민국의 보편적인 회사문화상 내 행동이 이상해 보였나보다. 몇 일후 부장님이 내게 말씀하셨다.

"혼자 크고 좋은 모니터, 의자, 넓고 높은 책상을 쓰는 게 굉장히 눈에 뜨이네. 눈밖에 안나려면 일을 더 잘해야 해. 사장님같은 보수적인 분이 보기에는 굉장히 안 좋게 보일 수 있어."

한 마디로 일을 더 잘하기 위한 나의 행동이 다른 사원들에게는 눈에 뜨이는 이상행동으로 보여 아니꼬와보였던 것이다. 아무튼 각종 장비를 아무리 좋게 해도 결국 출퇴근지옥, 부산스러움, 각종 회의 및 회식이 회사생활에 필연적으로 동반되기 때문에 최적화된 일하는 환경을 구축하기에는 한계가 있다. 더군다나 회사에서 아무리 효율적인 환경을 구축하고 성과를 보인다하더라고 내 월급이 그만큼 올라가는 게 아니지 않는가? 일을 열심히 잘 해봐자 1년에 한번 몇 십만 원 올라가는 정도가 다일 것이다. 그러면 그나마 다행이다. 일을 잘하면 동료사원들에게 찍혀서 성과 가로채기를 당하거나 일거리 몰아주기를 당해 남의 일만 더 해주거나 사내정치에 휘말려 왕따가 되어 잘못하면 회사를 나와야하는 경우도 있다.

결국 회사 안에서 아무리 몸부림쳐봐야 소용없는 일이고 퇴사 후에 독립을 할 때에 최적화된 환경을 구축하는 것이 매우 중요하다. 나 같은 경우는 빅데이터 분석이 내 전공이라서 컴퓨터 성능이 매우 중요하다. 특히 빅데이터 분석을 위해서는 고사양 CPU, GPU등이 필요하고 RAM도 일반 컴퓨터에 비해서 훨씬 커야한다. 모두 꽤 값이 나가는 품목들이다. 각 항목당 몇 십만원에서 몇 백만원까지 호가한다. 하지만 나는 과감히 내 컴퓨터를 고사양으로 세팅했다. 일종의 나를 위한 투자인 것이다. 모니터도 크고 높은 것을 사용하며 책상도 넓은 것을 사용한다. 편안한 허리가 뒷받침되어야 함으로 당연히 의자도 꽤 고가를 사용한다. 일을 할 때에는 이어폰등의 귀마개를 착용하여 소음을 최대한 차단한다. 조명도 최대한 밝게 하며 일을 할 때에는 휴대폰을 아예 꺼놓아 휴대폰 전화, 메시지등으로 방해받지 않게 한다. 또한 같이 사는 부모님에게도 양해를 구해 내가 일할 때에는 일절 말을 걸거나 시끄럽게 하지 못하도록 하였다. 일하는 공간도 우리 집에서 가장 넓고 시원하고 쾌적한 공간에서 한다. 부모님이 많이 양해를 해주신 것이다. 부모님 대신에 좋은 공간을 내가 차지한다고 불효자라고 독자분들이 느낄수도 있지만 나는 일하는 쾌적한 환경만큼은 절대 포기할 수 없었다. 위의 것들이 다 충족되면 한마디로 일에 푹 빠질 수밖에 없는 환경이 만들어진 것이다. 회사처럼 출퇴근지옥으로 인한 체력 고갈도 없고 일하다가 잡담을 걸거나 회의를 하자고 부르는 사람도 없다. 주변의 소음, 부산스러움도 일체 없다. 휴대폰을 주시하며 상사에게 오는 전화대기를 탈 필요도 없다. 메일, 메신저를 수시로 확인할 필요도 없다. 그냥 나는 온전히 1분 1초를 일하는 시간에 혼신을 쏟으면 되고 그 혼신이 성과로 이루어지면 그 대가를 받으면 된다. 그러면 일의 효율성이 많이 좋아졌는가? 단번에 말할 수 있다. 이전보다 훨씬 정확하게 말하면 회사 다닐 때 보다 훨씬 좋다고 말할 수 있다. 최적화된 환경을 구축하여 효율적이고 빠르게 일을 끝내고 일한 대가를 받은 후 남는 시간은 충분한 휴식, 공부, 운동, 명상을 하라. 그리고 충분한 휴식, 공부, 운동, 명상을 통해 발전된 나 자신으로 더욱 효율적인 일처리를 해 더 높은 대가를 받아라.

나는 회사가 싫다. 특히 공기업과 같은 정년이 보장된 회사는 더 싫다. 많은 분들이 의외라고 생각할 것이다. 다들 안정되고 정년이 보장된 공기업을 가지 못해서 안달인데 왜 공기업을 더 싫어하는지 궁금하지 않은가? 정년이 보장되어 있다는 사실은 바꾸어 말하면 시간만 때우기가 보장이 된다는 것이다. 즉 일의 효율성, 성과는 중요하지 않고 적당히 시간만 잘 때우면 정년까지 월급이 보장된다는 뜻이다. 인간의 머릿속에 이러한 사실이 인지가 되면 절대 자기 발전적인 삶을 살기위한 노력을 안 한다. 나 같아도 안하겠다. 그냥 출퇴근만 잘 지키고 적당히 시키는 일을 한 다음에 저녁에 집에 가서 쉬고 다음날 또 같은 패턴을 20~30년 지속할 수 있으니 말이다. 그래도 일반 사기업이 그 같은 패턴을 10~20년 정도밖에 못하는데 공기업은 그것보다 약 10년 더 할 수 있으니 그것에 의의를 둔다면 둘 수 있겠다.

예전에 지방의 공기업에서 빅데이터 컨설팅 및 교육과제가 들어왔어서 한 기억이 있다. 다들 좋은 분이고 친절히 대해 주셨지만 내 기준에서는 도저히 이해 안가는 게 많이 있었다. 그중 가장 제일은 컨설팅 일을 회사내에서 하기 원하셨던 것이다. 보안문제가 있는 것도 아니었다. 그저 자신들의 눈에 보이는데에서 하기 원하셨다. 서울에서 지방까지 기차타고 가서 조그마한 책상, 의자에 앉아 느리고 조그마한 노트북으로 코딩을 하자니 집의 내 환경에서 20분이면 끝냈던 것을 1시간 30분이 되어서야 겨우 끝냈다. 그리고 중간중간에 자꾸 회의, 커피, 담당자들께 인사, 식사, 회식 등으로 왔다갔다를 지속하여 열심히 하긴 했지만 하루 종일 실제 일한 것은 거의 없었다. 그저 나 오늘 일 열심히 했다라고 눈도장 찍어주는 정도였다. 내가 이러한 비효율성을 콕 집어 말하자 대한민국 기업문화상 당연한 프로세스이고 일하는 예의라는 답변이 왔다. 결국 나는 이기적이고 일하는 예의를 잘 모르는 이단아로 취급받은 것이다. 따뜻하고 친절히 맞아준 해당 기업 사원분들께는 항상 감사한 마음을 지니고 있다. 하지만 그분들이 말한 대한민국 기업문화, 일하는 예의와는 내가 맞지 않는 것 같다. 특히 젊을 때에 빠르게 부를 쌓고 빠른 은퇴를 꿈꾸는 나에게는 전혀 맞지 않는 문화이다.

요약 ───────────────────────────────────

· 회사원은 시간과 돈을 바꾸지만 퇴사를 하면 성과와 돈을 바꿔야 한다.

· 회사에서는 절대 구축할 수 없었던 일에 몰입할 수 있었던 환경을 퇴사 후에는 얼마든지 구축할 수 있다.

· 일에 최적화되고 쾌적한 환경은 무엇과도 바꿀수 없고 절대 포기할 수 없다.

· 효율적이고 빠르게 일을 끝낸후 남는 시간은 본인의 가치(능력)을 키우기 위한 활동들로 채워라.

· 대한민국 기업문화에서 당연시되는 비효율적인 프로세스들을 완강히 거부하라.

중요한 일들만
한 번에 한 개씩
집중적으로 파고 들어라

회사에서 일을 할 때에도 마찬가지지만 독립하게 되면 여러 가지 일을 겸하여 하는 경우가 많이 발생한다. 특히 독립 초기에는 아직까지 본인의 몸값이 높지 않기 때문에 원하는 수익을 얻기 위해서는 어느 정도 다수의 일을 동시에 맡게 될 수 있다. 사실 베스트는 가장 중요한 소수의 고수익 일만 하는 게 좋다. 투자의 귀재 워렌버핏은 해마다 본인과의 점심식사를 경매에 붙인다. 그 경매 가격이 엄청난데 보통 수십억을 훌쩍 넘는다. 아무튼 수십억원을 내고 이 엄청나게 소중한 시간에 경매 낙찰자에게 버핏이 다음과 같은 질문을 한 사례가 있었다. "일이 여러 가지 있는데 이럴때에 가장 효율적인 일처리 방법은 무엇입니까?" 경매 낙찰자는 나름 심사숙고해서 중요한 일은 먼저 처리하고 중요하지 않은 일은 틈틈이 시간을 내서 처리하는 게 좋을 거라고 대답했다. 하지만 버핏의 대답은 다음과 같았다. "중요하지 않은 일은 아예 하지 않는 겁니다." 그렇다. 중요한 일만 집어서 하는 것이 성공하는 방법인 것이다.

퇴사 후 독립하였을 때 여러 가지 일을 맡을 수 있지만 항상 일을 맡으면서 생각해 보아야 한다. 1) 과연 이 일이 내 커리어에 중요한 일인가? 2) 과연 이 일이 소득적인 측면에서 다른 일보다 중요도(수익)이 높은가? 3) 과연 이 일이 자동으로 수익을 창출하는 시스템을 만드는 데에 기여하는가? 4) 과연 이 일이 내 능력 향상에 도움이 되는가? 이런 식으로 중요도를 생각해 보고 그게 아니다 싶으면 과감히 하지 말아야 한다. 돈 얼마 더 벌겠다고 하면 안 된다. 그러다가 더 중요한 일들을 놓칠 수 있다.

회사원을 예로 들면 회사에서 하는 일들은 내가 써놓은 중요도 기준을 충족하기가 거의 불가능하다. 더욱 안타까운 사실은 그 중요도 기준을 충족하지 못한다는 것을 인지하면서도 상사가 지시하면 어쩔 수 없이 따라야 한다.

하나씩 차근차근 살펴보자. 1) 과연 이 일이 내 커리어에 중요한 일인가? 회사에서 하는 회의록 작성, 출장보고서, 피피티업무, 엑셀업무 등의 일들은 본인 커리어에 아무런 도움이 되지 않는다. 경력 사항에 회의록 작성 능력 최상으로 자랑할 수 있는가? 전혀 그렇지 않다. 2) 과연 이 일이 소득적인 측면에서 다른 일보다 중요도(수익)이 높은가? 회사에서 주는 일들은 수익측면에서도 전혀 도움이 되지 않는다. 왜냐하면 회사의 월급은 일의 성과보다는 시간만 때우면 돈을 받는 구조이기 때문이다. 3) 과연 이 일이 자동으로 수익을 창출하는 시스템을 만드는데에 기여하는가? 회사 일들은 자동으로 수익을 창출하는 시스템을 만들기는커녕 노가다성 일이 많다. 그리고 수익을 창출하는 시스템을 구축하는 일을 한다고 하더라도 본인을 위한 시스템이 아니라 회사를 위한 시스템을 구축해줄 뿐이다. 막말로 열심히 일해서 회사만 좋은 일 해주는 것이다. 4) 과연 이 일이 내 능력 향상에 도움이 되는가? 부서에 따라 다르겠지만 R&D 부서같은 경우는 어느 정도 연구를 하면서 본인의 능력 향상을 꿈꿀 수 있다. 나 역시도 3번의 회사를 거쳤는데 모두 연구소에서 근무했기 때문에 상대적으로 타 부서에 비해 내 능력 향상을 위하여 시간투자를 할 수 있었다. 하지만 이도 역시 한계가 있다. 우선 내가 원하는 방향의 일을 하지 못하고 회사에서 주어지는 업무위주로 해야하기에 한계가 있다. 예를 들어 나는 빅데이터 분석 일을 하며 능력을 향상시키고 싶은데 회사에서는 UI 개발 업무를 맡길 수 있다. 또한 아무리 연구직이라고 해도 결국은 부수적인 사무적일도 필연적으로 동반된다. 마지막으로 R&D부서가 아닌 기타 부서, 예를 들어 영업부서 같은경우는 본인 능력 향상을 위한 시간을 거의 꿈꿀 수 없다. 매일 같이 운전하고, 메일 보내고, 회식 참여하는 일을 하면서 과연 본인의 능력을 향상시킬수 있을까?

다행히 퇴사를 하고 독립을 하게 되면 본인이 주체적으로 일을 취사선택할 수 있다. 회사에서 억지로 일을 떠맡았다면 독립한 후에는 내가 하고 싶은 일만 할 수 있는 것이다. 엄청난 특권을 가지게 된 것이다. 하지만 많은 사람들, 특히 대부분의 프리랜서들은 퇴사를 한 이후에도 회사에서 일하던 방식으로 일을 한다. 즉 일이 들어오면 무조건 받는 것이다. 마치 상사가 명령해서 일을 시킨 것처럼 의뢰인이 일을 주면 무조건 해야 하는 것으로 생각한다. 그것도 저렴한 가격에 일만 준다면 감사하다고 하면서 무조건 받는 경우가 많다. 밤을 새가며 다수의 프로젝트를 완성하고 그 대가로 돈을 받는 것이다. 회사 다닐 때보다는 수익이 조금 많을지 모르지만 결국 도찐개찐이다. 시간과 돈을 바꾸며 무조건 일을 받다보면 결국 회사에서 버는 월급보다 조금 더 많은 수익을 벌면서 계속 살아가야 한다. 그리고 나이가 들어 체력이 떨어지고 다른 경쟁자가 늘어나면 회사보다 많이 받던 수익도 회사보다 적게 받는 수익으로 바뀔수 있다. 일을 받을 때에는 위에서 말한 4가지 항목을 반드시 떠올리며 받을지 말지 고민해야 한다. 일을 안 받는 다고 전혀 죄송해할 이유가 없다. 더 이상 회사 상사가 일을 주는 게 아니다. 평등한 관계에서 내가 일을 할지 안할지 선택할 수 있다. 물론 수익이 너무 없고 돈이 급하면 오는 대로 받을 수 있지만 어느 정도 회사 월급이상 안정적인 수익이 나오기 시작하고 더 높은 수익으로 점프를 하고 싶다면 반드시 위의 4가지 항목으로 일을 필터링 해야 한다.

아무튼 중요한 일들만 받게 되면 이제 일을 해야 한다. 이 중요한 일들은 본인의 수익, 성장, 커리어, 시스템 구축을 위해 도움이 되는 아주 중요한 일들이기 때문에 매우 집중하고 정성들여 처리해야 한다. 그러면 이 중요한 일들을 어떤식으로 해야 할까? 중요하니깐 복수의 일들을 동시에 진행해야 할까? 절대 아니다. 한 번에 한 가지 씩만 해야 한다. 시간을 정해놓고 해당 시간에는 한 가지 일만 해야 한다. 시간은 대략 1시간정도는 정해놓고 하는 게 좋다. 만약 10분단위로 짧게 정해놓고 여러 개의 일들을 왔다갔다하면 어느것 하나도 집중해서 할 수 없을 것이다. 그리고 시간을 정해놓았다면 해당 시간 안에 어디까지 일을 끝낼지도 목표로 하고 일을 해야한다. 마치 수영선수가 초를 다투는 시간을 재면서 목표하는 지점까지 전속력으로 질주하는 것과 같다. 예를 들어 1시간 동안 코드 어느 부분까지 완성하겠다고 정해놓고 1시간 안에 완성하기 위해 달려들어야 한다. 그리고 그 목표를 달성하면 다시 1시간동안 다른 프로젝트의 코드를 어느 부분까지 완성하겠다고 정해놓고 달려들어야 한다. 해당 일을 하는 동안 다른 일들은 거들떠보지도 말아라. 전화기는 꺼두고 메일이나 메신저도 확인하지 말라. 그런 잡스러운 일은 하루 중 시간을 정해놓고 아침이나 저녁에 한꺼번에 확인하면 된다. 본인은 목표한 시간 내에 목표한 성과를 달성하기 위해 최선을 다해야 한다. 마치 수영선수가 목표지점을 향상 각 초를 다투며 물살을 헤엄치는 것과 같다.

이런 식으로 일을 하게 되면 어떻게 될까? 장담하건데 당신의 몸값을 점점 올라갈 것이다. 그리고 시간이 지날수록 일하는 시간을 줄어들지만 수익은 늘어날 것이다. 당신은 일하는 시간이 적지만 시간당 벌어들이는 소득이 급격하게 증가해 있을 것이다. 또한 일을 아예 안해도 돈이 들어오는 시스템도 구축되어 있을 것이다. 지금 당장 돈을 조금 더 벌 수 있다고 중요도를 따지지 않고 닥치는 대로 일을 받으면 안 된다. 이는 마치 마약과 같다. 돈 몇 푼 받고 그 돈을 받은 기억 때문에 또 다시 돈 몇푼 주면 그 돈 받기 위해 중요하지 않은 일을 덥썩 문다. 이러한 식으로 일을 하게 되면 절대 고소득으로 점프를 할 수 없다. 그리고 너무 많은 일을 받게 되면 한번에 한 개의 일만 집중적으로 할 수도 없게 되어 효율적이 떨어져 품질도 안 좋아질 것이다. 품질이 안 좋아지면 그나마 들어오면 일도 끊길 수 있다. 절대 지금 당장의 돈 몇 푼을 벌기 위해 워커홀릭이 되지 말아라. 일도 나에게 좋은 일만 받고 받은 일은 지혜롭게 처리하라.

요약

· 중요한 일만 해라

· 과연 이 일이 내 커리어에 중요한 일인가?

· 과연 이 일이 소득적인 측면에서 다른 일보다 중요도(수익)이 높은가?

· 과연 이 일이 자동으로 수익을 창출하는 시스템을 만드는데에 기여하는가?

· 과연 이 일이 내 능력 향상에 도움이 되는가?

· 일할 때에는 시간을 정해두고 그 시간 안에는 한 가지 일만 해라.

· 매 시간마다 목표량을 정해두고 그 목표를 완수하기 위해 돌진하라.

제5부
아끼고 모아라

지출이 수입보다
단돈 1원이라도 무조건 적어야 한다

이전 장까지는 수입을 극대화하고 자동화하는데 초점을 맞추었다면 이번 장에는 지출을 통제하는데에 초점을 맞추겠다. 당연히 선행조건은 수입을 극대화하는 것이다. 수입이 적은데 아무리 지출을 졸라매도 생활여건은 크게 나아지지 않는다. 과거 많은 재테크 서적들이 커피값 아끼고 쿠폰과 포인트를 모아 목돈을 모으라고 충고를 하고 있다. 물론 지출을 줄이면 좋다. 아침마다 마시는 스타벅스 커피 값을 아끼고 쿠폰을 모으고 포인트를 쌓으면 당연히 지출이 줄어든다. 하지만 선행요건은 수입을 먼저 극대화 해야 한다는 것이다. 수입을 극대화한 후 지출을 통제해야 부자가 될 수 있는 것이다. 당신이 월 5천만 원을 벌면서 월 지출을 500만 원 하는 것과 당신이 월 300만 원을 벌면서 월 지출을 100만 원 하는 것을 비교해보면 당연히 전자가 부자가 되는 것이다. 즉 자산은 수입 - 지출이기 때문에 우선 수입을 최대화한 후 지출을 통제해야 한다. 여기서 주의해야할 점은 지출이 수입보다 많으면 안 된다. 단 돈 1원이라도 적어야 자산이 +가 된다.

해외의 운동선수들이나 유명 래퍼들이 엄청난 수입을 자랑하지만 은퇴 후 곧 파산했다는 소식을 종종 들었을 것이다. 또는 로또 당첨자들이 몇 년 못가 파산했다는 소식도 종종 들었을 것이다. 일반인에 비해 수입이 많지만 그에 못지않게 지출도 엄청 많았기 때문에 파산하는 것이다. 매일같이 옷을 바꾸어입고 파티와 사치를 즐기고 도박에 빠지다보면 아무리 수입이 많아도 파산하는 것이다. 2013년 3월 5일 뉴스1코리아 기사를 보면 영국 프리미어 리그 출신 축구선수들이 은퇴 후 60%가 5년 내 파산하는 것으로 나타난다. 평균 주급이 500만원에 이를 정도로 상대적인 고액 연봉이지만 지출을 통제하지 못하고 무분별한 사생활을 즐기다 곧 파산하는 것이다. 미국의 유명래퍼 50센트는 1,800억원에 달하는 재산을 모았지만 과도한 사치와 사업투자 실패로 파산을 신청하기도 하였다. 극단적인 사례를 들었지만 조금만 둘러보면 우리 주변에도 분수에 맞지 않는 소비를 즐기는 사람들이 너무나 많다. 특히 20대 후반 30대 초반 회사원들중에 상당수가 이러한 부류에 해당한다. 이름 있는 대기업이나 공기업을 다니며 연봉 5,000~7,000만 원정도 받는 많은 회사원들이 본인들의 지출을 통제하지 못하고 있다. 자신은 대기업 사원이니간 일반 다른 회사원보다 월급이 100~200만 원 많은 것에 자부심을 느끼며 소비를 하는 것이다. 이들은 bmw 3시리즈나 벤츠 C클래스를 5~6년 할부로 구매하고 명품 양복과 시계를 차고 주말마다 클럽에서 양주를 마신다. 혹은 휴가 때마다 유럽여행을 가고 주말마다 백화점에 들러 화장품, 가방, 구두를 산다. 이들이 주로 하는 말들은 이렇다. '성과급이 곧 나온다. 성과급이 나오면 카드 값을 다 갚을 수 있다.', '한번 사는 인생 뭐 있나. 재밌게 살다가 가고 싶다.' 이런 식의 말들이다. 차라리 월 200만 원을 벌어도 지출을 통제하는 사람이 더 부자가 될 확률이 높다. 아무리 대기업에서 연봉 5,000만 원이상 벌어도 이런식으로 소비를 하게 되면 통장의 잔고는 항상 바닥수준일 것이다. 수입이 는다고 소비도 비례해서 같이 늘면 절대 부자가 될 수 있다. 물론 수입이 늘면 소비도 어느정도 늘겠지만 그 느는 비율이 동일해서는 안된다. 수입이 10배 늘면 소비는 2배정도 느는 수준에 멈추어야 한다. 또는 수입이 10배 늘어도 소비가 더 줄어들면 더할나위없이 좋다. 나 같은 경우는 현재 회사 다닐 때보다 수입이 8배정도 늘었지만 회사 다닐 때보다 소비는 더 줄어들었다. 회사 다닐 때에는 기름 값, 주차비, 병원비, 점심식사비등으로 고정비용이 많이 나갔으며 주말에 스트레스를 풀기위해 유흥비로 많이 썼는데 지금은 이러한 비용이 아예 안나가기 때문이다. 즉 현재 나는 수입은 더 늘고 소비는 더 줄어 회사원시절보다 빠르게 자산을 늘려나가고 있다.

'한번 사는 인생 뭐 있어. 즐기다 가야지! 오늘 죽고 내일은 없다! 오늘은 내가 쏜다 마음껏 마셔!' 이와 같은 말을 자주 하는 사람들이 주변에 있는가? 틀림없이 돈을 못 모으고 있는 사람일 것이다. 본인의 소비지출내역을 철저히 통제해야 한다. 소비를 줄이기 위한 가장 쉬운 방법은 무엇일까? 바로 본인의 활동환경을 최대한 간소하게 하는 것이다. 삶 자체를 간소하게 살고 그 간소한 환경범위 내에서 살면 딱히 지출할 때가 없다. 나 같은 경우 활동 환경범위는 다음과 같다. 공부하고 일하기 위한 집, 체력 단련을 위한 헬스장과 수영장, 문화생활을 즐기기 위한 영화관, 드라이브를 하기 위한 차 이정도다. 이정도가 내 하루의 거의 모든 것을 말해주고 있다. 간혹가다 고객과 미팅 또는 점심식사를 하거나 친구들과 만나기도 하지만 이는 매일 발생하는 일들이 아니다. 나처럼 삶을 간소하게 살다보면 돈 쓸일이 거의 없다. 하루에 한 푼도 안쓰는 날이 많다. 돈을 쓴다해도 하루에 5천원 이내로 거의 끝난다. 삶을 간소하게 살아라! 그러면 돈을 쓰기 힘든 환경이 구축될 것이다. 만약 매일같이 먼거리를 왔다갔다하고 많은 사람들을 만나며 명품관, 유흥업소를 자주 들락날락 한다면 당신의 소비는 늘어날 확률이 크다. 조용하고 편안한 간소한 환경을 본인의 활동 환경으로 만들어라.

그렇다면 평생 돈만 벌고 그 돈 쓰지도 못하면서 샌님처럼 살라는 말인가? 그것은 아니다. 소비를 할 때는 해야한다. 나 같은 경우는 소비는 두가지로 크게 나뉜다. 바로 자기투자와 나만의 보상에 대한 소비이다. 매일매일 쓰는 작은 돈은 아끼지만 위의 두가지에 해당하는 소비는 꽤 큰 돈도 지출한다. 나는 최고의 투자는 본인 자신에 대한 투자라 생각한다. 그래서 무언가를 배우기 위해서는 과감히 지출을 한다. 공부하고 독서하기 위한 책은 거리낌없이 산다. 특히 아마존에서 원서를 구매할 때에는 10만 원 가량 하는 책들이 꽤 있지만 나 자신에게 투자하기 위해서 과감히 구매한다. 체력단련을 위해 트레이너에게 비용을 지불하고 배우기도 한다. 능력 개발에 도움이 되는 세미나나 학원수업을 등록하고 듣는다. 작업환경에 도움이 되는 장비 구입에는 과감히 돈을 쓴다. 이러한 지출이 나의 몸값을 더 올려 지출 대비 몇 배나 높은 수입을 안겨줄 거라 확신하기 때문이다. 나만의 보상을 위해서도 소비를 한다. 나 같은 경우는 내 자산수준이 일정 임계 값을 넘을 때마다 자축을 위한 소비를 한다. 이전에는 자산이 1~2천만 원씩 늘어날때마다 한 번씩 간단한 자축을 해주었다. 현재는 1~2천만 원씩 늘어나는 속도가 이전보다 빨라져서 매번 해주지는 못하고 있다. 예를 들어 피부샵에 가서 마사지를 받는다. 또는 평소에 갖고 싶었던 물품을 구매한다. 또는 샴페인을 마시기도 한다. 한번씩 스스로에게 자축을 해주면은 다음 자산 목표에 대한 동기부여가 확실히 된다.

흔히 부자들은 작은 돈은 아끼고 큰 돈은 과감히 지출한다고 한다. 평소에 알게 모르게 새어나가는 소비를 최대한 통제하고 본인 계발 또는 본인 투자를 위한 지출로 방향을 돌려야 한다. 오늘 죽고 내일은 없다라는 생각으로 아무런 계획없이 무분별하게 소비를 하다보면 정말 미래에 형편없는 재무상태를 지니게 될 것이다.

요약 ————————————————————————

· 수입은 극대화하고 지출은 통제하라.

· 대기업, 공기업에 다닌다고 부자흉내를 내다보면 돈을 모으지 못할 것이다.

· 삶의 환경을 최대한 간소화하라.

· 최고의 투자는 자기계발에 대한 투자이다.

· 일정 자산 목표를 달성할 때마다 본인에게 보상을 해주어라.

위험한 투기는 절대 하지 말아라

박봉의 월급쟁이들이나 퇴직 후 퇴직금을 두둑히 챙긴 은퇴자들이 주로 투기의 유혹에 빠진다. 여기서 투기란 단기간에 몇 배의 이익을 챙겨준다는 선동이나 현금흐름이 없는 투자를 일컫는다. 단기간에 몇 배의 수익을 안겨줄테니 돈을 넣으라는 말을 들으면 100퍼센트 사기라고 생각하면 된다. 진짜 그런게 있다면 남들에게 알려주지 않고 본인 혼자 하지 왜 자선사업가도 아니고 알려주겠는가? 하지만 매일 매일의 월급으로는 답이 없다고 생각하는 월급쟁이나 퇴직금은 받았지만 앞으로 살길이 막막한 은퇴자들이 이러한 유혹에 많이 빠진다. 내가 이러한 투기를 굉장히 안좋게 생각하는 이유중 하나는 통제력이 없다는 것이다. 일은 내가 한만큼 수익을 얻을 수 있다. 즉 내가 잘하면 수익이 높고 내가 못하면 수익이 낮은 내가 한 만큼 벌 수 있다. 즉, 나 하기 나름이라는 뜻이다. 그러나 투기는 다르다. 돈 넣고 내가 넣은 자산의 가치가 오르기를 그냥 기다려야 한다. 마치 러시안 룰렛이나 홀짝게임과 같다. 오를수도 내려갈수도 있지만 나는 그 과정에 어떠한 통제력을 행사하지 못한다. 그냥 오르길 바랄 수밖에 없다. 대부분의 경우 거의 손해를 본다고 할 수 있다. 개인은 정보력이 부족하고 인내심이 부족하며 작전세력에 휘말려들 확률이 매우 크기 때문이다.

몇 년전에 가상화폐 열풍이 불었던 적이 있다. 하루에 2~3배 오르는 코인이 부지기수였고 전 국민이 열광하며 가상화폐에 투자를 했다. 회사에서 일을하기보다는 휴대폰 어플을 바라다보며 코인 가격이 오르길 기대하였다. 실제 1~2달사이에 30배이 이상 오르는 코인들도 있었다. 신기루 또는 혁명이라고 생각하며 사람들은 달려들었지만 결국은 거품이 꺼지면서 1/10토막 많게는 1/100토막 난 코인들도 생겨났다. 소수 엄청난 돈을 번 사람들도 있지만 대다수는 돈을 잃었다. 돈을 번 사람들은 광풍이 불기전에 미리 코인을 산 선두주자거나 가치가 폭락하기전에 미리 판 사람들 뿐이다. 대다수의 사람들은 신기루에 현혹되어 버티고 있다가 엄청난 손해를 보았다. 이는 전형적인 투기이다. 본인이 산 코인을 후발주자들이 더 높게 사주기를 기대할 수밖에 없다. 엄청난 현금이 있지않는 이상 본인이 코인 가격을 올릴만한 통제력도 전혀 없다. 그냥 오르기를 기대할 뿐이다. 더욱이 주식은 그나마 가치평가라도 할 수 있지만 코인은 가치평가도 전무하다. 마지막으로 가장 중요한 현금흐름이 없다. 코인을 샀다고 그 자산을 통해서 나오는 현금흐름이 전혀 없다. 부동산은 월세, 주식은 배당, 채권도 이자를 받지만 코인은 그 안에서 나오는 현금흐름이 없다. 완벽한 투기상품이라고 볼 수 있다. 투기상품에 한 번 들어가면 일상생활에 집중하기 힘들고 돈을 벌 확률은 거의 없다고 보면 된다.

내가 가장 중요시하는 것은 통제력과 현금흐름이다. 투기상품은 두 가지가 없다고 보면 된다. 사실 대부분의 금융상품은 개인이 통제력을 가지기 힘들다. 본인이 워렌버핏과 같은 엄청난 자산규모를 지니고 있고 말 한마디가 엄청난 파급효과를 지니지 않는 이상 금융시장에서 통제력을 지니기는 어렵다. 그래서 그나마 현금흐름이 창출되는 금융상품에 넣는 게 바람직하다. 대표적으로 부동산이나 채권이 있다. 물론 가상화폐와 같이 단기간에 원금이 몇 배로 오르길 기대하고 넣는 것은 아니다. 원금을 지키면서 현금흐름을 창출하고 이후에 자산 가치가 증가하는 것까지 기대할 수 있다. 그래서 투자 원금이 작으면 가져갈 수 있는 수익도 작을 수밖에 없다. 따라서 악착같이 목돈을 모아야 하는 것이다. 마진거래, fx 거래, 가상화폐와 같은 투기상품으로 작은 돈이 엄청난 큰 돈이 될거라 생각하지 말고 본인의 분야에서 본인의 실력으로 목돈을 빠르게 모아 보수적인 상품에 투자해야 한다. 만약 당신이 현금으로 10억이 있다면 이자 5%상품에 투자만 해도 년 5천만 원을 벌 수 있다. 즉 몇 배로 불려줄 투기 상품을 찾기보다는 먼저 투자원금을 최대한 모아야 하는 것이다.

안타깝게도 초기 목돈을 모으길 포기한 청년들이 너무 많다. 시작부터 하기 전에 포기한 것이다. 사실 회사원 월급이 너무 박봉이라 목돈을 모으기가 쉽지 않은 것은 사실이다. 월급은 적은데 물가 상승률은 크고 월세, 데이트, 차량유지 등에 돈을 내고 나면 저축할 돈이 얼마 남지 않는다. 거기다가 오늘 살고 내일 죽는다라는 생각을 가지고 유흥, 여행, 명품에 돈을 쓰다 보면 아예 저축을 못할수도 있다. 그래서 그냥 포기하는 것이다. 아무 생각 없이 돈 모으는 것은 포기하고 하루하루 버티며 사는 것이다. 그러다가 투기상품이 눈에 뜨이면 혹시 대박을 터뜨리지 않을까하며 대출을 끌어안고 투자하면 무조건 실패한다고 보면 된다. 따라서 당신이 회사원이라면 다른 사람들이 다 하는 것을 포기하고 악착같이 목돈을 모아야 한다. 자취를 한다면 부모님 집에서 다녀야 하며 할부로 차를 샀다면 팔아야 한다. 유흥, 여행, 명품에는 전혀 돈을 쓰면 안되고 점심식사도 도시락을 싸와서 먹어야 한다. 사실 돈을 아끼기 위해서는 데이트도 하면 안되지만 사람이 살아가면서 가장 중요한 것 중에 하나가 사랑이라고 생각하기 때문에 이거까지는 말 못하겠다. 아무튼 회사원이라면 허리를 졸라매고 악착같이 목돈을 모아야 한다. 그러면 당신이 월급 200만원을 받던 월급 300만 원을 받던 목돈을 모을 수 있을 것이다. 아니면 과감히 회사를 박차고 나와야 한다. 그리고 독립해서 단기간에 빠르게 돈을 벌어야 한다. 물론 나는 후자를 택했고 후자를 추천한다.

정리하자면 단기간에 큰 돈을 벌어준다고 속삭이는 유혹은 100퍼센트 사기라고 보면 된다. 절대 돈을 벌 수 없고 더 나락으로 빠질 뿐이다. 금융상품으로 돈을 벌고 싶으면 악착같이 목돈을 모은 다음에 현금흐름이 창출되는 보수적인 상품에 넣는 것이 바람직하다. 목돈을 모으는 과정은 사람마다 다를 수 있고 다소 힘이 들 수도 있지만 오늘 살고 내일은 없다라고 생각하고 사는 사람들과는 분명 다른 미래를 그릴 수 있을 것이다.

요약 ————————————————————————————

· 단기간에 원금을 몇 배로 불려준다는 말은 무조건 사기다.
· 투자를 할거면은 현금흐름이 창출되고 자산가치가 증대가 기대되는 상품에 투자하라.
· 투자를 위한 목돈을 악착같이 모아라.

고정지출을 최소화하라

부자와 가난한 사람들의 차이를 보면 고정으로 나가는 지출비용을 보면 알수 있다. 부자는 작은 돈이라도 허투루 나가는 것을 극도로 싫어한다. 단돈 만원이라도 가치없고 쓸데없는 곳에 나가는 것을 극도로 싫어한다. 하지만 가난한 사람은 소액의 돈은 마치 아무것도 아닌 듯 별로 무관심한다. 이러한 차이는 고정지출의 차이에서 나오는데 자그마한 고정지출비용이 모이다 보면 꽤큰 액수가 되고 이게 장기간 이어지면 결국 돈을 모으냐 못 모으냐의 차이로이루어 진다.

가장 대표적인 고정지출로는 자동차 할부, 휴대폰 요금, 각종 보험비, 월세등이 있다. 부자들은 위에서 말한 것들을 거의 내지 않는다. 자동차는 현금으로 구매를 하며 휴대폰요금은 최소한의 요금제를 쓰고 보험은 암, 실비보험정도만 들고 있다. 물론 자가 또는 전세로 거주해서 월세도 낼 이유가 없다. 하지만 가난한 사람들은 자동차를 72개월 할부로 구매하고 최신 휴대폰의 무제한 요금제를 쓰며 지인들에게 보험영업을 당해 필요하지도 않은 혹은 중복으로 보장되는 여러 보험을 가입한다. 집은 월급의 1/3가까이를 월세로 내면서 서울 중심지에서 지내려 한다. 이렇게 알게 모르게 나가는 고정비용이 쌓이면 절대 돈을 모을수 없다. 특히 당신이 만약 회사원이라면 거의 불가능하다고 보면 된다. 아무리 대기업을 다녀도 당신의 통장에는 10만원 이상 남아있지 않을 것이다. 어떻게 대기업을 다니는데 통장에 10만원도 없냐구? 실제 가능한 일이다. 나와 가장 가까운 지인의 사정이 그랬다. 국내 탑 반도체 회사에 근무하며 연봉을 8,000만원 가까이 받고 있었지만 자동차 구매 할부비용 및 유지 비용, 회사 근처 원룸 월세 비용, 각종 보장성 보험료, 유흥비 등에 지출하고 나면 10만원도 안 남아 있다고 했다. 지인의 말로는 본인의 그동안의 수고에 대한 보상이라고 말하지만 돈을 모으는 관점에서는 옳지 못하다.

또한 고정지출이 많아지면 절대 퇴사를 할 수 없다. 정확히 말하면 감히 퇴사를 꿈꿀 엄두를 못낸다. 당장 월급이 안들어오면 자동차 할부금, 각종 보험비, 월세를 어떻게 충당할 것인가? 따라서 이러한 고정지출을 대기 위해 억지로 회사를 계속 다니고 그러면은 또한 계속해서 고정지출을 늘려나가고 그러면서 시간이 계속 지나면은 영원히 회사의 노예가 되는 것이다. 나는 다행히 회사를 그만두어도 고정지출이 많지 않아서 당장 그만둘 수 있었다. 나는 쌍용차 자동차 할부금 30만 원, 보험비 5만 원, 휴대폰 통신비 6만 원이 한 달에 나가는 고정지출의 전부였다. 다 합해서 41만 원정도 였는데 무슨 일을 해서든 월 41만 원을 못벌겠냐라는 마음으로 퇴사했다. 뭐 정 안되면 41만원 정도는 부모님께 손 벌릴수 있는 것 아닌가? 만약 내가 고급 승용차를 타서 할부금이 월 80만 원 정도 되고 보험비 10만 원 이상, 휴대폰 통신비 10만 원, 월세 및 관리비

등으로 100만 원정도 지출해서 한 달에 나가는 고정비용이 약 200만 원이 되었다면? 절대 쉽게 퇴사하지 못했을 것이다. 월급이 갑자기 0원이 되는데 나가는 돈은 200만 원으로 그대로인대 당신 같으면 쉽게 퇴사할 수 있겠는가? 불행하게도 많은 청년들이 이와 같은 생활을 하고 있다. 월 300만원 받아서 고정지출로 월 200만 원을 쓰는 코미디를 벌이는 것이다. 이런 식의 생활로는 돈을 모을 수도 없고 퇴사는 더더욱 꿈꿀 수 없다.

그러면 이미 고정지출이 월급의 2/3수준인 상태라면 어떻게 해야 할까? 다 짤라 버려야 한다. 지금 나가고 있는 고정지출을 다 짤라버려라. '그러면 인생의 유일한 낙이 없어지는 데요?' 혹은 '사람다운 삶을 살려면 이정도의 지출을 어쩔 수 없어요.' 라고 반문하는 사람이 있다면 그렇게 생각하고 그대로 살면 된다. 대신에 앞으로도 계속해서 회사의 노예로 살아가야 할 것이다. 매달 갚아나가야 하는 고정지출을 갚기 위해 회사 생활을 끊을 수 없는 것이다. 마치 마약 중독자 혹은 시지푸스의 돌덩이와 같다. 시지푸스의 돌덩이를 아는가? 시지푸스는 고대 그리스 신화의 인물로서 제우스로부터 형벌을 받아 평생 바위를 끌어올리는 벌을 받았다. 바위를 정상에 한번 끌어올리면 바위는 다시 아래로 떨어져 시지푸스는 다시 바위를 올려놓는다. 그러면 또 바위는 떨어지는데 이와 같은 반복 노역을 평생하는 것이다. 딱 이와 같다. 할부로 차를 구매하고 할부로 명품을 사고 할부로 휴대폰을 사고 카드로 여행, 각종 유흥을 즐기고 월세 값을 내다보면 이 빚을 갚기 위해 회사에서 노예생활을 해야한다. 노예생활의 대한 대가로 월급을 받으면 빚을 청산하고 다시 새로운 빚을 진다. 그러면 또 회사의 충성스런 노예가 되는 것이다. 이미 이와같은 생활에 중독되었다면 굳게 다짐하고 다 짤라 버려야 한다. 할부로 구매한 차는 팔아버리고 보험은 실비보험정도만 남기고 다 해약하라. 휴대폰은 최소한의 요금제로 바꾸고 집은 부모님 집에 살던가 조금 거리가 있더라고 싼 집으로 이사하라. 커피를 끊어 커피값을 아끼고 도시락을 싸서 점심 식사비를 아끼면 더 좋다. 이렇게 해도 다 살 수 있다. 이렇게 사는 삶에 익숙해져 보아라. 당신의 고정지출은 확연히 줄어들 것이다. 한달에 고정지출+생활비로 월 300만 원 가량 나왔다면 앞으로는 월 50만 원도 안 쓸 것이다. 자연스레 통장에 돈이 모일 것이고 퇴사에 대한 용기도 생길 것이다. 말이 되냐구? 어떻게 인간이 월 50만 원도 안쓰고 사냐구? 내가 그렇다. 나는 월 50만 원을 쓰는데 그중 절반은 책 구매비용이다. 실질적으로 생활비에 쓰는 액수는 50만원도 안되는 것이다. 나와 동갑이자 40억 이상의 자산을 가진 친구가 있다. 그 친구의 한 달 카드 값은 1만2천 원이라고 한다. 거짓말 아니냐구? 실제다. 그 친구는 돈을 쓰지 않는다. 진짜 한 달 카드값이 1만2천 원이 나온다. 물론 자동차 유지비용 같은 것을 법인 비용으로 충당하기에 가능한 일이긴 하지만 어쨌든 생활비로 1만2천 원정도 쓴다는 것은 대단한거 같다. 여자친구와의 데이트도 철저하게 집에서 데이트를 하며 데이트비용을 쓰지 않고 어쩌다 커피라도 마시면 각자 계산을 한다고 한다. 어찌보면 너무한 것 같긴 하지만 어쨌든 그 친구는 이러한 습관을 고수했고 지금 큰 자산을 이루었다.

고정지출을 최소화하고 거기에 익숙해진 삶을 살아야한다. 그래야 돈도 모을 수 있고 지긋지긋한 회사생활에서 탈출할 수 있는 충분조건이 생긴다. 평생 그렇게 졸라매고 살 필요는 없다. 청년시절 젊을 때 몇 년만 하면 된다. 독립해서 어느 정도 기반이 잡히고 여유가 생기면 스스로에게 보상을 해줄 수 있는 지출을 할 수 있다. 또한 그때가 되면 회사원시절 꿈도 꾸지 못한 시간적, 공간적 자유를 누릴 수 있을 것이다. 내가 원하는 시간에 내가 원하는 장소에서 내가 원하는 것을 할 수 있는 것이다. 이 얼마나 꿈같은 이야기인가.

요약 ————————————————————————————————————

· 부자는 작은 돈이라도 허투루 나가는 것을 극도로 싫어하는 반면 가난한 사람은 작은 돈이 나가는 데에 무관심하다.

· 고정지출을 줄이지 못하면 시지푸스의 형벌과 같이 평생 회사의 노예로 살게 된다.

· 고정지출을 최소화하여 목돈을 모으고 퇴사를 할 수 있는 기반을 마련하라.

· 고정지출을 최소화하는 과정에서 몇 년간 이전과는 다른 재미없는 생활을 할 수도 있는데 이에 익숙해져야 한다.

소비하기전에 물어라
원하는 건가?
필요한 건가?

인간은 항상 소비에 노출되어 있다. 집에 있어도 TV, 컴퓨터, 스마트폰을 통해 실시간으로 소비욕구를 자극하는 광고가 날라오고 밖에 나가도 온종일 광고에 휘둘리게 된다. 친구를 만나도 누가 어떤 것을 샀네를 주제로 온종일 소비욕구를 자극하는 환경에 둘러싸여 있다. 어떤 것을 사면 마치 내가 대단한 사람이 된 것처럼 여겨진다. 특히 젊은 남녀들이 이러한 현상에 많이 동조된다. 남자들은 자동차, 시계, 양복을 갖추고 클럽에서 여자들을 유혹하기 위해 무장하고 여자들은 매달 월급의 절반 이상을 명품백, 명품구두, 피부관리에 투자하며 더 좋은 남자를 만나기 위해 노력한다. 조금 극단적이고 불편한 사례이지만 실제 20대 후반~30대 초반의 많은 젊은 남녀들이 이러한 생활을 한다. 겉은 번지르르해 보이지만 실제로는 허세로 가득한 껍데기일 뿐이다.

나는 취업 전 과외 아르바이트로 월 150만 원 정도를 벌었었고 취업 후에는 월 300만 원 가량 벌었지만 내 통장잔고에는 1,000만 원도 있지 않았었다. 과외생활 아르바이트를 5년 동안 하고 회사 생활을 3년 가까이나 했는데 통장잔고는 늘지 않았다. 여러 원인이 있었지만 가장 큰 원인은 역시 나도 내가 원하는 것들이 너무 많았고 그것들을 다 사다보면 통장잔고는 남아나지 않았었다. 옷이 너무 사고 싶었고 시계가 너무 사고 싶었고 피부관리가 너무 받고 싶었다. 1:1 트레이닝 수업을 받고 싶었고 친구들과 유흥을 즐기고 싶었다. 세상에는 하고싶은 것들이 너무 많았고 내 돈은 한정되어 있었다. 돈이 들어오면 바로 다음거 내가 하고 싶은 것을 했다. 옷을 사고 또 새로운 옷을 사고 싶었다. 피부관리를 한번 받아도 계속 받고 싶었다. 결국 계속 내가 원하는것들을 충당하다 보면 통장 잔고는 거의 올라가지 않았었다. 그나마 1,000만 원 가량 모은 것도 연금적금식으로 절대 돈을 빼지 못하는데에 조금씩 넣어놓은 덕분이다. 그것마저 없었다면 아마 100만 원도 없었을 것이다. 한심하다는 생각이 드는가? 나도 그런 생각이 든다. 그런데 이렇게 한심한 소비생활을 하는 젊은이가 넘쳐난다. 결혼은 그냥 포기하고 처자식 부양해야 할 것도 아니니 그냥 젊을 때 즐기자는 마인드다. 주식대박이나 로또 당첨, 돈 많은 배우자를 만나면 좋겠다라는 생각만 가진채 본인의 재정관리는 전혀 안 하는 것이다.

완전히 바뀌어야 한다. 항상 무언가를 사기전에 이 문구를 기억해라. "원하는건가? 필요한건가?" 만약 원하는 것이면 사지말아라. 다시 한번 말한다. 원하는 것이면 사지말아라. 필요한 것만 사라. 당장 살기위해 먹어야할 음식, 자기능력 계발을 위해 필요한 도서, 1달에 1번 가는 미용실 커트 비용, 아플 때 가면 드는 병원 비용, 휴대폰 통신비, 대중교통 비용 등 꼭 필요한곳에는 써야한다. 필요한 곳에 안쓰면 기본적인 생활이 안되기 때문이다. 하지만 여러 벌의 옷, 명품 시계, 분수에 안 맞는 자동차, 명품 백, 피부 관리 같은것들이 과연 필요한 것인가? 이런 것들을 구매하지 않으면 생활이 안되는가? 전혀 생활하는 데에 지장이 없다. 그냥 이런 것들을 사면 좋겠다. 사면 나도 멋있고 보이고 이뻐보일거 같다라는 내면의 욕망에서 나오는 부산물일 뿐이다. 이렇게 필요하지는 않는데 단지 원하는 것이면 그냥 안 사면 된다. 간단하다. 필요한 것은 사고 원하는 것은 안 사면 된다. 재밌는 사실은 평균적으로 따져볼 때 원하는 물품들이 필요한 물품들보다 단가가 훨씬 비싸다. 당연한 이야기 아닌가? 면접용 혹은 결혼식에 입고 갈 단정한 남자 양복 한 벌은 15~20만 원이면 충분히 구매할 수 있다. 그런데 명품 아르마니 양복으로 사게 되면 300만 원이 넘어갈 것이다. 상대가 안된다. 거의 10배 이상 수준이다. 당신이 소비습관을 원하는 물품은 안사고 필요한 물품들로만 포커스를 맞춘다면 갑자기 통장 잔고가 늘어날 것이다. 당신이 퇴사를 안하고 회사원 생활을 한다고해도 이와 같은 소비습관을 갖추면 꽤 많은 목돈을 몇 년안에 모을 수 있을 것이다.

만약 계속해서 원하는 것들을 사는 소비습관을 지속한다면 당신의 삶은 이길 수 없는 경주를 계속하게 될 것이다.

일한다 → 돈을 번다→ 돈을 쓴다 → 일한다 → 돈을 번다→ 돈을 쓴다 → 일한다.

결국 평생 일을 하는 것이다. 특히 결혼하면 아이가 생기면 이러한 현상을 끊기가 더욱 어려워진다. 대부분의 대한민국 사람들이 일주일에 40~50시간, 혹은 그 이상 일하지만 월말이면 통장잔액은 텅 비어 있다. 버는대로 원하는 곳에 다 써버린다면 스트레스와 공포, 불확실한 빚에 시달리고 결국은 파산과 빈곤으로 이어질 것이다. 혹자는 이렇게 말할 수도 있다. '그러면 돈을 더 많이 벌면 되는 것 아닌가요? 시간이 지나면 진급을 하면서 월급도 올라갈 것입니다.' 재밌는 사실은 이와 같은 소비습관을 가지고 있으면 더 많이 벌어도 저축은 더 줄어들 것이다. 왜냐하면 원하는 것들이 점점 더 커지기 때문이다. 중학교 때에는 휴대폰 하나만 있어도 세상을 다 가진거 같을 것이다. 대학교 입학한 후에는 구두 한켤레만 사도 세상을 다 가진거 같았다. 20대 초반에는 옷 한벌, 화장품 하나 바꿔도 행복했다. 20대 후반에는 국산 중고차라도 하나 있어야 행복감을 느낄 수 있다. 30대에 접어들면 외제차, 명품백, 명품시계정도는 있어야 행복감을 느낄 수 있다. 더 이상 20만원짜리 구두한켤레로는 원하는 행복을 느낄 수 없다. 30대 중후반이 되면 집을 갖고 싶어서 대출로 집을 구매한다. 혹은 골프용품, 고급 스피커 등에 관심을 갖기도 한다. 이렇듯 당신이 원하는 것들의 가격은 기하급수적으로 늘어나는 반면 당신의 월급상승률은 거기에 미치지 못하기 때문에 오히려 저축은 줄어들 것이다.

해결책은 다음과 같다. 자력의 인내심을 발휘해서 필요한 것만 사는 소비습관을 들이는 게 가장 좋다. 하지만 본인의 소비습관이 이미 굳어져서 자력으로 인내심이 발휘가 안된다면 소비전에 먼저 저축을 해보라. 통장에 돈이 들어오면 소비하는데에 돈을 쓰기전에 미리 저축하는 통장으로 이체하는 것이다. 물론 이 저축하는 통장은 쉽게 깨지 못하는 금융상품이어야 한다. 자유예금 통장에 저축하면 마치 소비통장인양 쉽게 다시 쓰기 때문이다. 퇴직연금이나 연금저축보험 등에 돈을 넣는 것도 괜찮은 방법이다. 중도 해지하면 손해를 보기 때문에 강제로 돈을 묶어놓을 수 있기 때문이다. 하지만 이러한 상품에 너무 과도하게 넣는 것은 추천하지 않는다. 사람일이란 모르는 일인데 미래에 갑자기 급하게 쓸 돈이 있을 때 중도 해지를 하면 손해를 보기 때문이다.

그러면 평생 저축만 하다 세상 삶 즐기는 것은 완전히 포기해야 하는가? 그런 것은 당연히 아니다. 나는 소기의 목표를 이룰때마다 자기 보상성으로 원하는 것들을 한다. 샴페인 한잔, 마사지, 1:1 트레이닝 회원권, 새 컴퓨터, 새 자동차 등 내가 목표한 바를 이루면 내 수입보다 작은 한도 내에서 소비를 한다. 자기 보상성 지출이 확실해야 삶의 동기부여가 되고 다음 번 목표를 향해 달려나갈 수 있기 때문이다.

요약 ————————————————————————————————

· 당신의 소비요구를 자극하는 각종 광고에 현혹되지 말아라.

· 소비 전에 항상 물어라. 원하는 것인가 필요한 것인가.

· 필요한 것만 사는 소비습관을 들여라.

· 자력으로 인내심이 발휘가 안 되면 소비전에 자동으로 저축성 상품에 돈이 들어가도록 하여라.

· 자기보상성 지출에는 원하는 것을 포함해도 된다.

제6부
꿈을 꿔라

목표를 종이에 적고 매일 읽어라

1979년 하버드 대학교 경영대학원 졸업생을 대상으로 '명확한 장래 목표와 그것을 성취할 계획이 있는가?'라는 설문 조사를 한 적이 있었다. 이 질문에 졸업생의 3%만이 목표와 계획을 세웠으며 그것을 기록해 두었다고 응답했고, 13%는 목표는 있으나 그것을 종이에 직접 기록하지는 않았다고 했다. 나머지 84%는 여름휴가 계획 이외에는 아무런 계획이 없다고 대답했다. 그로부터 10년 후인 1989년, 연구자들은 10년 전의 졸업생을 대상으로 다시 한 번 조사를 했습니다. 그 결과 놀라운 사실을 하나 발견했다. 목표는 있었지만 기록하지 않았던 13%는 목표가 전혀 없었던 84%의 학생들에 비해 평균수입이 두 배 이상이었다. 그리고 명확한 목표와 계획을 세우고 그것을 구체적으로 기록했던 3%의 졸업생들은 84%의 졸업생보다 소득이 평균 열 배 정도 많았다. 이들 집단 간에는 학력이나 능력의 차이가 거의 없었다. 다만 목표를 세웠느냐 그렇지 않았느냐가 차이를 불러일으킨 것이다. 과연 우연일까? 그냥 우연의 결과로 우연히 목표를 종이에 기록했던 3%가 목표조차 없었던 나머지 84% 졸업생보다 소득이 열배 이상 많아진 것일까? 절대 아니다. 통계와 빅데이터를 연구하는 필자의 입장에서 이러한 우연의 결과가 나오기는 불가능하다고 생각한다. 특히 하버드 경영대학원처럼 큰 학교는 한 해 졸업생이 1,000명 가까이 되기 때문에 실험 집단에 대한 모수가 커 이 연구조사는 더욱 신뢰성이 있다. 또한 하버드 경영대학원의 연구조사 이외에도 목표를 종이에 적고 꿈을 실현한 사례가 너무나 많다. 그만큼 목표에 대해 적고 그 느낌을 계속 간직하고 의지를 유지하는 것은 매우 중요하다. 그리고 실천 방법도 매우 쉽다. 그냥 A4 용지에 인생의 목표를 적고 그것을 매일 읽으며 성공할 것이라는 강한 믿음과 신념을 불태우면 된다. 하루 1~3분정도 소요될거 같은 이와 같은 행동이 미래에는 엄청난 차이를 불러일으키는 것이다.

종이에 목표와 꿈을 적고 매일 읽는 방법은 꽤 알려진 방법이다. 물론 들어보지도 못한 독자들도 있을 것이다. 그렇다면 지금 이 책을 통해 이 방법을 알고 실천하기 바란다. 문제는 이러한 방법을 알고 있어도 이를 실천하지 않는다는 것이다. 실천하지 않는 이유는 미친소리다라고 치부하고 믿지 않아서이거나 귀찮아서 일 것이다. 사실 회사원 같은 경우 아침에 일어나면 출근하기 위해 전쟁을 치러야 하기 때문에 종이의 목표를 읽을 짬도 안 날 수도 있다. 그러나 꼭 아침에 읽을 필요는 없다. 점심시간에 될 수도 있고 자기 전에 읽어도 된다. 아무튼 이런저런 이유로 이 방법을 실천하는 사람은 극히 드물다. 나는 그래서 성공하는 사람도 소수라고 생각한다. 성공하는 사람은 꿈을 먼저 꾸고 그 꿈에 대한 의지를 매일 갈고 닦는다. 하지만 보통 사람들은 그저 열심히 살기만 한다. 마치 숲을 보지 못하고 당장의 나무를 보는 것과 같다. 하지만 열심히 안사는 사람이 대한민국에 어디에 있는가? 다 같이 열심히 살지만 그중 성공하는 사람은 소수이다. 그러면 성공하는 사람들의 습관을 살펴봐야 한다. 그리고 성공하는 사람들의 대표적인 습관중 하나가 목표를 종이에 적고 매일 들여다보는 것이기 때문에 우리도 따라하면 된다.

　의심이 가는가? 하버드 경영대학원 연구조사 하나로는 잘 믿어지지 않는가? 물론 나는 일하면서 내 주변에 성공한 사업가들을 많이 만나보았고 그들이 이 방법을 실천하고 있다는 것도 알게 되었다. 내가 먼저 물어보거나 그들이 먼저 알려주기도 하였다. 그러나 독자분들이 의심을 품을 수 있기 때문에 더 많은 사례를 들려주겠다. 미국 건국의 아버지 조지 워싱턴은 열두살 때부터 다음과 같은 목표를 글로 적고 들여다보았다. "나는 아름다운 여자와 결혼할 것이다. 나는 미국에서 가장 큰 부자가 될 것이다. 나는 군대를 이끌 것이다. 나는 미국을 독립시키고 대통령이 될 것이다." 유명배우 이소룡은 다음과 같은 목표를 글로 적고 들여다 보았다. "나는 미국에서 최고의 대우를 받는 첫 동양인 스타가 될 것이다. 나는 1970년부터 세계적인 명성을 얻을 것이고, 1980년까지 천만 달러는 벌 것이다." 재일동포이자 소프트 뱅크의 회장 손정의는 전직원이 2명이던 시절 다음과 같은 목표를 글로 적고 선언했다. "나는 우리 회사를 5년 안에 100억엔, 10년안에 500억엔, 그 뒤로는 수조원대 규모의 자산가치를 지닌 기업으로 성장시킬 것이다." 미국의 대표적인 만화작가 스콧 애덤스는 다음과 같은 목표를 글로 적고 들여다 보았다. "나는 신문에 만화를 연재하는 유명한 만화가가 될 것이다." 일본기업 교세라 창업주인 이마노리 가즈오 회장은 다음과 같은 글을 적고 회사 입구에 걸어두었다. "월 매출 10억 엔을 달성하고 모두 하와이로 여행 갑시다." 독자분들이 짐작하겠지만 위의 모든 목표들은 다 이루어 졌다. 대단하지 않은가? 이외에도 너무나 많은 사례들이 즐비하여 있다. 당장 내 주변에 성공한 사업가들이 이를 실천하고 있고 나 역시도 이를 실천한 후 성취를 이루는 경험을 하였다.

다음과 같은 회의를 품는 독자들도 있을 것이다. "그것은 성공한 사람들만 알려진 것이고 목표를 글로 적고 들여다 보아도 실패하는 사람도 분명 많을 거야." 벌써부터 이런 부정적인 마음을 품고 있으면 반드시 그대로 될 것이다. 반드시 성공한다는 믿음을 가져야 한다. 어렵지 않다. 반드시 성공하겠다는 믿음과 굳은 의지를 가져야 한다. 밑져야 본전 아닌가? 종이에 목표를 적고 반드시 성공하겠다라는 의지와 반드시 성공할 것이라는 믿음을 갖고 매일 읽으면 끝이다. 대신 아주 생생히 읽어야 한다. 큰 소리로 읽으면 더 좋다.

주의해야 할 점이 있다. 이를 부정적으로 바라보는 사람들에게는 이 같은 방법을 실천하고 있다는 걸 보여주면 안 된다. 대표적으로 가족일 수 있다. 부모님일 수 있다. 목표를 종이에 적고 매일 들여다보는걸 보고 미친놈 취급할 수도 있다. 허황된 꿈을 갖지 말라고 말할 수도 있다. 따라서 그런 사람들에게는 이 방법을 실천하는걸 알리지 말아야 한다. 나도 모르게 부정적인 생각을 갖게 되면 안될 수도 있을 것 같다라는 생각을 갖게 된다. 나도 이와 같은 경험을 했었다.

2년 전쯤 내 목표를 A4용지에 일목요연하게 적고 방문에 붙여놓았다. 그중 첫 번째가 1년 안에 1억을 모은다라는 목표였다. 회사원 시절이었는데 내 월급은 보잘 것 없었지만 우선 꿈을 크게 가져보자라고 생각하고 A4용지에 적은 다음에 내 방문 앞에 붙여놓았다. 문제는 방문에 붙여놓은 종이를 부모님이 보았다는 사실이다. 그리고 아버지가 나에게 다음과 같은 말을 하셨다. "말도 안되는 말 하지 말아라. 1억이 우습냐? 허황된 꿈 갖지 말아라." 순간 나도 모르게 부끄러워 졌다. 그리고 바로 방문 앞에 붙인 종이를 떼어서 버렸다. 물론 그 당시 1년 동안 나는 1억을 모으지 못하였다. 그리고 다시 1년 후, 그러니깐 지금으로부터 1년 전쯤에 나는 다시 A4 용지에 목표를 적었다. 그리고 매일 그 목표를 읽었는데 이번에는 숨겨놓고 부모님이 보지 못하게 하였다. 부모님 몰래 방에 들어가서 들여다 보고 소리내어 읽었다. 그 결과는? 종이에 적은 목표 대부분을 이루었다. 1년 안에 1억 모으기도 물론 달성하였다. 당시 회사를 그만둔 직후라 수입이 0원이었는데 점차 가속도가 붙더니 정확히 1년 후 순수 1년 동안 1억 모으기를 달성하였다. 현재는 더 큰 목표들을 써서 다시 매일 읽고 있다.

이상한 말도 안 되는 논리 같은가? 무슨 사이비 교단의 이론 같은가? 그렇게 생각한다면 안 하면 된다. 하지만 나는 수많은 책과 내 주변의 성공한 수많은 사업가, 그리고 나 스스로 겪은 경험을 토대로 이 방법이 확실히 엄청난 효과를 불러온다는 것을 믿고 있다. 간단하다. 지금 당장 종이에 당신의 목표를 적어라. 인생의 목표를 적으면 더 좋고 안되면 단기간 예를들어 1년 목표라도 적어두어라. 두 개 다 적어도 좋다. 그리고 적은 종이를 복사해서 여러군대에 소장해라. 방안에 하나 두고 지갑에 하나두고 휴대폰 케이스에 하나 두어라. 시간 날 때마다 꺼내서 읽고 반드시 성공하리라는 믿음을 확고히 다져라. 이렇게 하면 정말 효과가 있을 것이고 한번 성공의 맛을 본 이후에는 더욱 열렬히 이를 실천할 것이다.

요약 ───

· 종이에 목표를 적고 매일 들여다 보고 매일 읽어라.

· 종이에 목표를 적고 매일 읽어서 꿈을 이룬 사례는 너무나 많다.

· 반드시 이루어 질거라는 믿음과 확신을 가져라.

· 이 방법을 부정적으로 바라보는 사람들에게는 이를 알리지 말아라.

· 너무나 실천하기 쉬운 방법이다. 안하고 있다면 지금 당장 하라.

매일같이 명상하라

명상하라고 하니 무슨 불교의 묵언수행과 같이 들릴 것이다. 아니면 시간 아깝게 왜 아무것도 안하고 가만히 있냐라고 생각할 수도 있을 것이다. 하지만 명상의 효과는 이미 검증되어 있다. 수많은 성공한 유명인사들은 모두 이 방법을 사용하고 있다. 오프라 윈프리, 아놀드 슈워제너거, 이나모리 카즈오, 비틀즈, 빌 게이츠 등 너무나도 많은 성공한 유명인사들은 명상 매니아이다. 빌게이츠 같은 경우는 아예 명상을 위한 별장을 별도로 갖고 1년의 일정 시간은 아무것도 하지 않고 별장에서 명상에 잠긴다고 한다. 이들이 과연 시간이 남아돌아서 명상을 하고 있는 것인가? 이 책을 읽는 독자 누구보다도 할 일이 많으며 매시간을 돈으로 환산하면 엄청난 가치를 지니는 인사들이다. 하지만 이들은 매일 혹은 정기적으로 명상에 잠긴다.

사실 회사원들은 명상에 잠기기 쉽지 않다. 우선 시간적, 공간적 여유가 없다. 내가 회사원이 되길 가장 싫어하는 이유 중 하나이기도 하다. 회사원은 시간적, 공간적 자유를 박탈당한 노예와 같다. 아침에 일어나면 출근하기 바쁘며 퇴근지옥을 탈출하고 집에 오면 피곤해서 거의 바로 골아 떨어진다. 또한 출퇴근길, 회사 사무실은 온종일 소란스럽고 주위가 산만하여 조용히 명상에 집중할 수 있는 공간이 아니다. 당신이 만약 회사원이라면 이러한 시스템에 절대로 굴복하면 안된다. 어떻게든 하루의 일정시간을 떼어놓고 조용한 공간을 확보하여 명상을 해야 한다. 그리고 만약 퇴사를 하면 이러한 환경을 갖추기 훨씬 용이할 것이다.

그러면 명상을 하면 실제 효과가 어떻게 나타나는가? 그리고 명상을 위한 시간과 공간을 확보했다면 그다음에 명상은 어떻게 해야 하는가? 앞으로 이 두 가지 질문에 대한 답을 하겠다. 우선 위에서 말했듯이 수많은 유명인사들이 명상을 하고 있으며 그들은 몸소 명상의 효과를 체험했기에 더욱더 열심히 하고 있다. 구체적인 명상의 효과를 나열해보면 다음과 같다.

1. 마음이 평온해진다.
2. 업무의 효율성이 올라간다.
3. 결단력이 생긴다.
4. 직감이 발달한다.
5. 목표를 이루기가 쉬워진다.
6. 창의력이 발달한다.
7. 인간관계가 원활해진다.
8. 안정감이 생긴다.

만족스러운 일상을 경험한다

갑자기 슈퍼맨이 된 것처럼 엄청난 효과를 보게 될 것이다. 그러면 명상은 어떻게 해야 할까? 그냥 평안하게 앉거나 누워서 호흡을 관찰하면 된다. 자연스럽게 들이쉬고 내쉬고 하면서 호흡의 각 움직임을 바라본다. 그러면서 마음에 드는 생각을 하나하나 살펴보면 된다. 마음에 드는 생각은 본인의 할 일, 업무와 관련된 목표, 앞으로의 비전, 꿈이 될 수 있다. 그리고 그것들을 마음에 그리고 시각화하면 된다. 마치 뭔가에 취한 사람이 되는 것이다. 고요하고 맑은 정신에서 마음속에 그리는 것이 생생하게 떠올라 마치 현실이 된 것과 같이 느껴질 것이다. 매일 매일 더욱 생생하게 해보라. 몸과 마음이 맑아지며 실제 그 꿈을 이룬 당신을 보게 될 것이다. 미친소리 아니냐구? 무슨 초능력이 발휘되는 거냐구? 맞다. 초능력이 발휘가 되는 것이다. 믿기 어렵겠지만 이를 통해 꿈을 이루고 목표를 성취한 구체적인 사례가 너무나도 많다. 미국 역사상 가장 큰 부자중의 한명이었던 앤드류 카네기는 명상 매니아였다. 앤드류 카네기는 '소망 달성을 위한 6가지 원칙'에서 그의 명상 방법을 밝혔다. 그는 원하는 금액의 돈을 원하는 날짜에 이미 얻은 자신의 모습을 생생하게 그렸다. 정말 그 돈이 그 날짜에 수중에 들어와서 내꺼가 된 거라 생각하고 그 모습을 상상 속에서 즐겼다. 카네기는 이 방법을 매일매일 실천했는데 그러면서 점점 엄청난 부를 거두게 되었다. 재밌는 사실은 카네기가 이러한 방법으로 거부가 되는 것을 지켜본 그의 친인척들도 이를 따라하기 시작했는데 그들 모두도 억만장자가 되었다. 카네기는 이 방법을 세상에 알리고 싶어 당시 기자였던 나폴레온 힐에게 명상의 효과를 활용하여 부자가 된 사례를 조사하여 책으로 내달라고 부탁하였다. 그렇게하여 나폴레온 힐은 '성공의 법칙'이라는 책을 펴냈는데 이 책은 아직도 널리 읽히는 베스트셀러중에 하나이다. 명상의 효과로 꿈을 이룬 사례가 수도 없이 많다. 록펠러는 막노동을 하던 시절에도 매일매일 자신의 통장으로 돈이 물밀 듯이 들어오는 상상을 하였다고 한다. 빌 게이츠는 십대 시절부터 모든 가정에 PC가 한 대씩 설치되는 것을 상상했다. 워렌버핏은 아주 어렸을때부터 세계 제일의 부자가 된 자신의 모습을 생생하게 그렸다. 아시아 최고의 부자 리자청도 찻집 종업원 출신에서 엄청난 부를 이루었는데 어렸을 때부터 최고의 부자가 된 자신을 꿈꾸었다고 한다. 일본 최고의 부자 사이토 히토리는 어떻게 부자가 되었냐는 질문에 다음과 같이 답했다. "노력만으로는 절대 부자가 될 수 없다. 부자가 되고 싶으면 부를 끊임없이 상상하라" 엄청나지 않는가? 세계 최고의 부자들은 모두 이를 실천하고 있었던 것이다. 그리고 이에 관련한 성공학 책이 이미 보편화되었음에도 이상한 미신이나 미친소리로 취급하는 사람이 너무나 많다.

　나는 인간의 능력 특히 두뇌의 능력은 엄청나다고 믿는다. 다만 그 엄청난 두뇌 능력을 제대로 활용하는 사람이 드물뿐이다. 당신이 스스로 자신이 성공한다는 것을 기정사실로 받아들이고 이를 상상한다면 어떻게 될 것 같은가? 두뇌가 이 미래의 사실을 진정한 현실로 받아들이게 될 것이다. 그리고 이 미래와 현재사이의 차이를 인식하고 이를 수정하려 할 것이다. 그러면 그 차이를 수정하기 위해서 두뇌의 엄청난 무의식의 능력이 발휘될 것이고 두뇌의 주인은 실제 그 능력을 갖게 될 것이다. 그리고 성공한 미래와 실제 현실사이의 차이가 점점 메워지면서 상상하던 성공이 실제 현실이 되는 것이다. 언뜻 보면 웃기는 말 같지만 이를 활용하여 성공한 사람들이 과거에 너무나도 많았다. 그리고 현재 내 주위의 성공한 사업가들도 이를 대부분 활용하고 있다. 그저 열심히 회사만 열심히 다니고 악착같이 허리띠를 졸라맨다고 성공할 수 있는 것이 아니다. 성경 속 히브리서 말씀에 다음과 같은 구절이 있다. "믿음은 바라는 것들의 실상이요 보지 못하는 것들의 증거이다." 눈에 보이는 것만 믿고 눈에 보이는 것만 실제라고 생각하는 현대인들에게 보이지 않는 믿음의 중요성을 깨우쳐주는 구절이다.

　지금이라도 성공을 위한 태도에 대해 패러다임을 바꾸어야 한다. 열심히 일을 하고 열심히 자격증을 따고 열심히 어학점수를 올리고 열심히 대인관계를 맺고 하면 성공하는 것이 아니다. 대한민국 사람 중 어느 누가 열심히 하지 않는가? 도서관, 독서실, 카페를 가면 공부하는 사람들도 우글거리고 오전에 나가면 출근하는 사람들도 매일 붐빈다. 하지만 매일매일 열심히 살아도 삶은 나아지는 것 같지 않고 나라, 환경 탓만 한다. 지금이라도 이전의 구습에서 탈피하고 새로운 방법을 써봐라. 가장 중요한 것은 명상을 통해 마음속에 성공을 상상하고 그리는 행동이다. 하루 30분씩 매일 성공한 자신을 그리고 상상해보라. 그러면 실제 성공하기 위한 능력을 발휘할 것이고 점차 마음속에 그리던 성공한 모습이 실제 현실로 다가올 것이다.

요약 ────────────────────────────

· 매일매일 명상을 통해 인간의 능력을 극대화하라.

· 명상을 위한 절대적 시간과 조용한 공간을 확보하라.

· 명상을 하며 성공한 나 자신을 생생히 마음속에 그리고 시각화하라.

· 명상의 효과를 통해 성공한 사례는 너무나도 많다.

· 패러다임을 바꾸어라. 열심히 일해야 성공하는 게 아니라 명상을 통해 성공을 상상하고 꿈꿔야 성공한다.

꿈을 꾸는 말을 하고
꿈을 꾸는 성공한 마인드를 가진
사람들을 곁에 둬라

인간은 환경의 영향을 많이 받는 생물이다. 주변에서 보고 배운 것들이 자연스레 체내가 되어 실제 성격형성에 큰 영향을 끼친다. 부자 부모를 둔 자녀가 부자가 되는 이유는 그 재산을 물려받아서도 있겠지만 부모의 부자 마인드를 물려받았기 때문이기도 하다. 어려서부터 부모의 부자마인드를 보고 배운 자녀들이 자신들안에 부자가 되기 위한 마인드를 알게 모르게 기르게 되는 것이다. 로또당첨 등으로 갑작스럽게 졸부가 된 행운아들이 몇 년만에 전 재산을 탕진하는 것도 돈이 많아졌지만 그 돈을 컨트롤 할 수 있는 마인드가 되어있지 않기 때문에 금방 써버리는 것이다. 즉, 부자가 되려하거나 혹은 성공하려고 하면 내면의 마인드부터 부자, 성공자의 마인드로 바꾸어야 한다. 그러기위해서는 주변에 나와 꿈을 같이하고 성공을 꿈꾸는 사람들을 두어서 내 자신의 마인드를 끊임없이 성공 마인드로 갈고 닦아야 한다.

그러나 살아가다 보면 부정적인 실패자 마인드를 가진 사람들을 너무나도 많이 마주친다. 우선 회사에 출근하면 피곤에 절어 인상을 쓴 동료들이 보이고 점심시간에 대화를 하면 나라탓, 대통령탓, 사회탓을 하며 신세한탄을 하는 상사들이 눈에 뜨인다. 집에 돌아오면 이번에는 가족이 부정적인 말을 쏟아낸다.

"우리는 언제까지 이렇게 구질구질하게 살아야 돼?"

"몸이 아픈데 치료비를 아끼기 위해 참아야 돼!"

"나도 좋은 집, 좋은 동네에서 살며 해외여행 다니며 살고 싶어. 언제쯤 그런 날이 올까?"

"우리는 안 돼. 늙어서 까지 일해야지 겨우 먹고 살 수 있어. 그냥 매일매일 열심히 일하자."

혹시 많이 들어본 말투인가? 당신의 친구 혹은 당신의 부모님으로부터 많이 듣던 말 아닌가? 나도 무언가 하고 싶어 혹은 나도 무언가 되고 싶다라는 염원을 담아내지만 실제로는 힘없이 안될거라는 말투를 쏟아내는 사람들이 주변에 즐비하는가? 이런 환경에 둘러쌓여 있으면 당신도 그렇게 될 것이다. 당신도 부정적인 생각이 머릿속에 쌓일것이고 부정적인 말을 쏟아낼 것이며 실제 당신의 삶도 그렇게 되어갈 것이다.

성공한 사람들은 성공마인드를 지니고 있기 때문에 잠시 실패 한다고해도 금새 다시 일어선다. 왜냐하면 그들의 내면에는 성공마인드가 있기 때문에 현실이 다시 성공으로 시계초점 맞추어지듯이 맞추어지는 것이다.

실제 성공한 부자들은 본인들이 반드시 성공할 것이라는 이상한 믿음과 마인드로 가득차 있다. 그리고 그러한 믿음을 밖으로 당당하게 표출한다. 한 일화로 부자였던 사업가가 파산하여 은행에 왔는데 지점장이 소비생활을 줄이고 돈을 아끼라고 충고하자 그 사업가는 다음과 같이 말했다.

"아닙니다. 저는 저의 소비 생활패턴을 그대로 유지하겠습니다. 저는 반드시 다시 성공할 것입니다. 그러기 위해서는 저에게 대출을 해주셔야 겠습니다. 그래야 제가 재기하여 은행에서 빌린 빚을 다시 갚을 수 있습니다." 너무나 당당하지 않은가? 실제 그 주인공은 대출금으로 사업을 다시 일구어 재기하였다.

아무튼 성공마인드, 부자마인드를 기르기 위해서는 주변 환경을 성공한 마인드를 북돋기 위한 것들로 채워야 한다. 그리고 우리가 살면서 가장 많이 영향을 주고 받는 것은 다름 아닌 사람이다. 따라서 주변 사람들을 어떤 사람들로 두느냐에 따라 본인에게 엄청난 영향을 끼친다. 그러면 이미 주변 사람들이 부정적인 실패마인드로 가득차 있다면 어떻게 해야할까? 혹자는 그들을 성공마인드로 바꾸면 된다라고 말할 수도 있을 것이다. 하지만 이는 거의 불가능에 가깝다. 몇 십년동안 그렇게 자라고 생각했던 사람들을 갑자기 성공마인드로 내가 무슨 수로 바꾼단 말인가? 괜히 그들을 바꾸려했다가 사이만 더 안좋아질 수 있다. 성경 속 잠언을 보면 다음과 같은 구절이 있다.

"미련한 자의 귀에 말하지 말지니, 이는 그가 네 지혜로운 말을 업신여길 것임이니라."

아무리 당신이 주변사람들을 성공마인드로 바꾸려 해도 오히려 바보취급 또는 귀찮은 존재로 여겨질 뿐 바꾸지는 못할 것이다. 설사 그들이 가족이라도 해도 말이다. 그러면 바꾸지도 못하고 어떡할까? 주변에 이미 부정적인 실패마인드를 둔 사람들도 가득차 있는데 어떡해야 할까? 끊어버리면 된다. 다 짤라버려라. 주변 사람들을 성공한 마인드로 가득찬 사람들로 바꾸어라. 이전 것들을 버리고 새것을 취하면 된다. 이런 말도 있다. 당신과 가장 가까운 주변사람들의 평균 연봉이 곧 당신의 연봉이라는 말이 있다. 주변 사람들 누구와 어울리냐가 곧 당신의 미래를 좌지우지한다. 친구나 지인들은 짤라버릴수 있다고 하더라도 가족은 어떡할까? 만약 당신의 부모님이 부정적인 마인드로 가득 차있고 한집에서 살면 어떻게 해야할까? 최대한 멀리 해야 한다. 부모님의 부정적인 실패마인드에 물들지 않도록 부모님이라도 최대한 멀리해야 한다. 그렇다고 부모님은 경멸하고 인연을 아예 끊으라는 말이 아니다. 당신의 성공을 위해서 부모의 부정적인 실패마인드를 멀리하라는 뜻이다. 그러나 아무래도 자주 대화하고 부딪치다 보면 그 마인드를 배울 수 있으니 교류를 줄이라는 뜻이다.

당신 주변을 성공 마인드, 부자 마인드를 지닌 사람들로 채운다면 대화 주제가 바뀔 것이다. 기존에 나라 탓, 대통령 탓, 회사 상사 탓, 하소연, 슬픔으로 가득차 있었던 대화 주제가 자신의 꿈, 자신의 포부, 자신의 달라진 일상, 성공에 대한 확신으로 가득찰 것이다. 그런 말을 들으면 재밌을 것이다. 그리고 당신도 그런 말을 하고 싶어질 것이고 그런 말을 하기 위해서 당신의 생활과 생각이 아예 바뀔 것이다. 어느덧 당신도 당신의 입에서 비전, 꿈을 선포하고 다니게 될 것이다. 당신의 일상이 성공한 사람처럼 될 것이다. 피곤하고 웃음기 없었던 얼굴에서 활력 넘치고 자신감 있는 얼굴로 바뀔 것이다. 나는 회사를 다닐 당시에 부정적인 말을 너무나도 많이 들었다. 점심시간, 회식시간마다 상사들의 남탓 하는 부정적인 말들을 너무나도 많이 들었다. 직장생활을 아무리 해도 집 사는 건 불가능하다느니 내 인생을 왜 이러냐느니 저 상사 나쁘냐느니 등의 실패 마인드에서 나오는 말들을 너무나도 많이 들었다. 그리고 그들이 많이 했던 말 중에 하나가 정권 탓이었는데 재밌는 사실은 정권이 바뀌었지만 그들의 삶은 달라진거 같지 않아 보였다. 그들의 표정, 말투, 어조는 이전과 그대로였다. 시간이 지나면서 나도 점차 그것들을 배우기 시작했다. 내 입에서도 내 인생에서 부자되기는 힘들다느니 인생은 너무나 힘들다느니 내 인생은 꼬였다느니와 같은 말들이 나오기 시작했다. 그러다가 나는 자기계발 서적과 성공한 사람들의 자서전을 읽으면서 성공한 사람들의 마인드를 배우기 시작했다. 자기계발 서적이나 성공한 사람들의 자서전을 읽으면 나도 모르게 기분이 좋아졌다. 그들이 성공한 스토리를 읽으면 나도 모르게 힘이 되고 나도 할 수 있겠다라는 생각이 들었다. 그러다가 엠제이 드마코의 저서 '부의 추월차선'을 읽고 더 이상 회사원이 아니라 사업가로 살아야겠다라는 결심을 했다. 퇴사를 하고 독립적으로 활동을 하다보니 다양한 사람들을 많이 만날 수 있었다. 특히 젊은 성공한 사업가들을 많이 만났었는데 그들 모두 성공한 마인드로 무장을 하였었다. 같이 대화를 나누다보면 본인들의 꿈과 비전을 말하느라 정신이 없었다. 그들의 표정은 매우 밝아보였고 부자가 되고 성공하는 과정이 재밌고 쉽다는 식으로 말을 하였다. 내 꿈과 비전을 말해도 미친 놈 취급하는 사람이 없었고 오히려 나를 응원해주고 조언해 주었다. 그래서 나도 내 꿈을 선포하고 다녔다.

처음에는 조금 작은 선포였다. 예를 들어 회사원보다 적게 일하고 월급보다 많이 벌겠다라는 정도였다. 그리고 그대로 실현되었다. 그래서 조금 더 크게 말했다. 월 1,500만 원정도 벌겠다라고 선포하였다. 그랬더니 그것도 실현되었다. 그래서 그다음에는 월 2,000만 원을 벌겠다라고 선포하였다. 그리고 이것 역시도 실현되었다. 내가 첫 취업을 했을 당시 세후 월 200만 원을 넘게 받는다고 하자 아버지는 네가 어떻게 그렇게 큰 돈을 버냐구. 네가 그렇게 많이 받을 만한 사람이냐고 걱정하며 물었었던 것과는 정반대다. 나는 내가 꿈을 크게 가지고 내 꿈 친구들에게 선포했으며 그들의 응원과 지지 속에서 그것을 실현하였다.

크게 생각하고 크게 행동하고 크게 되어라. 그리고 이 과정들을 당신의 꿈

친구들에게 선포하고 함께 즐겨라.

· 성공하고 부자가 되기 위해서는 성공마인드, 부자마인드를 먼저 길러라.

· 인간은 주변 사람들의 의식을 그대로 보고 배우는 경향이 있다.

· 주변에 부정적인 실패자 마인드로 가득한 사람들을 짤라버려라.

· 성공마인드, 부자마인드로 가득한 꿈 친구들을 많이 사귀고 그들에게 자신의 꿈과
비전을 선포하여라.

· 크게 생각하고 크게 행동하고 크게 되어라. 그리고 이 과정들을 당신의 꿈 친구들
에게 선포하고 함께 즐겨라.

자신을 과대평가하라
자신을 대단한 사람으로 믿어라

'거대한 성공을 거둔 사람들은 자신이 손대는 일은 무조건 대성공을 거둔다는 일견 터무니 없어 보이는 신념이 있다. 하지만 그들의 확신과 신념은 현실이 되는 일이 많다.'

'나는 무조건 성공한다!를 외치며 다녀라.'

'강하고 자신감 있게 보여라!

'매사에 확신을 가지고 임하는 자신감이 중요하다.'

'하기로 했다면 최선을 다하라. 자신의 혼을 불어넣어라.'

'한번 결심한 것은 끝까지 밀어붙여라.'

이외에도 비슷한 의미를 지니는 말들이 자기계발서적, 성공학서적, 성공한 사람들의 자서전에 무수히 많이 있다. 그리고 내 주변에 성공한 젊은 사업가들도 위의 말들을 직접 행동으로 실천하고 있었다.

위의 말들은 공통적으로 한가지로 수렴한다. 즉 자기 자신을 대단한 사람으로 생각하고 그렇게 행동하는 것이다. 나 자신을 엄청난 놈, 미친놈, 대단한 놈, 천재로 생각하고 그렇게 행동하라. 내가 결정하고 내가 생각한 것들이 무조건 맞다고 여기고 자신감 있고 신속하게 행동하면 된다.

'나 같은 사람이 대단한가? 나보다 훨씬 똑똑한 사람들이 많은걸.. 나는 그냥 남들이 하라는대로만 따라서 큰 무리없이 조용히 살래.'

혹시 이와 같이 생각하지 않는가? 본인이 내린 결정과 본인의 생각은 웬지 모르게 자신이 없어 그냥 남들이 시키는대로만 행동하고 소극적으로 아무것도 안하면서 살았는가? 회사 회의에 참석해서도 아무 말도 못하고 상사가 하는말이 마치 진리인양 열심히 메모장에 필기만 하고 있지 않은가? 그런 생각을 가지고 있으면 앞으로의 인생도 반드시 그렇게 될 것이다. 평생 주체적이지 못하고 남들 인생에 끌려다니는 인생이 될 것이다. 지금이라도 바꾸어야 한다. 나는 나 자신의 생각과 결정에 대해서 두려울 때 다음과 같은 문장을 마음속으로 되뇌인다. '나는 미친놈이다! 나는 대단하다!' 이 문장을 마음속으로 여러 번 외친 후 일촉의 망설임도 없이 나의 생각과 주장을 과감히 밀어붙인다.

나는 2년간의 한양대 연구실 석사 생활과 2년 조금 넘는 기간 동안의 3군데 회사에서 회사원 시절 매일 출퇴근을 하는 노예와 같은 조직 생활을 해보았다. 조직생활을 하다보면 자연히 회의가 잦게 된다. 재밌는 사실은 회의시간동안 말하는 사람과 듣는 사람은 한정되어 있다는 것이다. 석사때에는 교수님 혼자 회의시간에 말했고 회사시절에는 임원들만 회의 시간에 말했다. 마치 자신들의 말이 진리이고 답인 것처럼 말하면 나머지 사람들을 열심히 고개를 끄덕이며 메모장에 메모하기 바빴다. 코메디 같은 풍경이다. 나는 교수님이던 임원이던 나와 똑같은 사람이라 생각한다. 다만 나보다 나이가 많아 저 자리에 올라가 있는 거라 생각한다. 그런데 회의시간이 되면 교수님이나 임원들의 말이 엄청난 지혜의 보물로 여겨지고 나머지 학생, 사원들의 말은 하찮은 존재처럼 치부된다. 정확히 말하면 발언조차 시도하지 않는다. 사실 교수님이나 임원들도 틀리거나 논쟁의 여지가 있는 말을 많이 한다. 하지만 그들은 너무나도 확신에 차서 다이렉트로 말하기 때문에 누구 하나 쉽게 반박하지 못하고 수긍하며 넘어갈 때가 많다. 나는 그들의 이런 태도가 그들의 사회적 자리에 인도하는데에 큰 일조를 했다고 믿는다. 평소 자신의 말과 행동에 확신을 갖고 행하다보면 남들도 높이 평가하고 높게 대우해줄 것이다. 물론 그렇다고 완전히 틀린 말을 마구잡이로 말하라는 것은 아니다. 하지만 나 자신의 신념과 생각에 대해 확신을 갖고 말하고 행동하다보면 남들이 나를 대단한 사람처럼 보기 시작할 것이다.

'너무 나대는 것 아닌가? 찍히는 것 아닌가? 혹시 다음과 같이 생각하는가? 만약 당신이 당신 스스로를 대단한 사람처럼 보이게 말하고 행동할 때 이를 아니꼽게 여기는 사람이 있다면 무시하면 된다. 성공한 사람들은 적극적이고 강한 확신과 자신감에 찬 사람을 보면 강한 매력을 느낀다. 그리고 그들과 친해지고 싶어하고 자신의 성공 비법은 전수해주고 싶은 생각까지 한다. 하지만 실패 마인드를 가진 사람들은 달라보이고 튀어보이는 사람이 보이면 질투하기 시작한다. 자신과 같은 실패 마인드로 다시 끌어내리고 싶어 중상모략하고 험담을 하기 시작한다. 이러한 실패 마인드를 가진 사람들은 이전 장에서 말했듯이 끊어버리면 된다. 간단하다. 그냥 끊고 성공 마인드를 가진 사람들로 다시 채우면 된다.

불행하게도 회사에 들어가면 이러한 실패 마인드를 가진 사람들로 가득차 자신감있고 대단한 사람처럼 말하고 행동하면 찍히기 십상이다. 그들에게는 회의실에서는 조용히 앉아서 임원이 하는 말 적는게 당연한거고 아이디어나 기획서를 제출할때에는 임원의 말에 기반해서 작성하는게 당연한거다. 그들에게는 본인이 일을 했어도 상사나 동료들에게 공을 돌리는게 당연한거고 먼저 일을 다 끝냈어도 남들이 야근하면 할 것 없어도 앉아서 같이 야근하는게 당연한거다. 그들에게는 번뜩이는 아이디어가 나타나도 그냥 묵혀두고 있다가 임원이 시키는것만 하는 게 당연한 거다. 그들에게는 나 자신은 초라하고 보잘 것 없어서 혼자서는 할 수 있는게 없고 임원의 도움이나 다른 팀원들과 열심히 야근을 함께해 겨우겨우 일을 해낼 수 있을 뿐이다. 내가 본 대부분의 회사원의 마인드는 이랬다. 자기자신을 한없이 낮추고 회사와 조직, 팀을 높일 뿐이었다. 즉 나 자신은 초라하고 조직은 위대하다 뭐 이런거였다. 당신이 만약 이러한 문화가 가득한 회사의 회사원이라 하더라도 절대 물들면 안된다. 마음속으로 계속해서 외쳐라. '나는 미친놈이다! 나는 대단하다!' 당신을 끌어내리려는 주변의 저항이 느껴질 것이다. 그럴수록 더욱 강하게 외쳐라. '나는 미친놈이다! 나는 대단하다!' 그리고 대단한 사람처럼 생각하고 대단한 사람처럼 말하고 대단한 사람처럼 행동하라. 회사안에서도 똑똑한 성공마인드를 가진 몇몇 사람들이나 임원급들은 당신을 눈여겨 보기 시작할 것이다. 그리고 당신이 대단한 대우를 받고 실제 대단해지기 시작하면 회사를 다닐 필요도 없어질 것이다. 퇴사하면 그만이다.

그러면 자신을 대단하다고 믿고 행동하기 위한 구체적인 방법은 무엇일까? 우선 당신 스스로 대단해지기 위해서 노력을 해야 한다. 바로 공부를 해야 한다. 매일 책을 읽고 매일 명상하는 습관을 가져야 한다. 성공한 사람들이 했던 습관을 그대로 따라해야 한다. 독서와 명상을 통해 지식이 쌓이고 생각이 논리정연하게 박히면 그만큼 판단력도 빨라지고 명확해질 것이다. 그러면서 자신을 믿고 자신의 생각과 결정을 강하게 밀어붙여야 한다. '내가 선택한게 옳을까? 다시 한번 검토해보아야 하는 게 아닌가?' 아니다! 당신이 방금 생각한 그 번뜩이는 아이디어가 바로 답이다. 당신의 대단한 두뇌 깊은 곳에서 당신 모르게 충분히 판단하고 나온 결과이다. 검토할 필요 없다. 바로 밀어붙이면 된다. 5초면 된다. 다시 검토하고 생각하면서 지지부진 끄는 거보다 5-4-3-2-1 카운트 다운을 센 후 바로 시작하는 것이다. 대단한 효과가 있다. 당신은 용기를 갖게 될 것이고 부지런한 삶을 살게 될 것이고 성취감을 느끼게 될 것이다. 바로 이 거다! 당신의 머릿속에 번뜩이는 생각과 판단이 떠오르면 5초 안에 바로 결정하고 행동하면 된다. 세계 제일의 부자 빌게이츠는 중요한 회의에서 3분만에 결정을 내렸다고 한다. WINDOWS 95 개발이 한창이던 시절에 2개의 팀을 대상으로 각자 프로젝트를 진행하면서 서로 경쟁시켰었던 적이 있다. 그리고 회의에서 간단하게 상황보고를 듣고 데모프로그램을 구현해 본 후 3분 동안 나가서 생각하더니 과감히 1개 팀을 바로 해체시킨 일화는 매우 유명하다. 미국 제일의 수재들이 모인 400여 명으로 구성된 팀을 본인 판단에 아니다 싶으니 단칼에 해체시킨 것이다. 이렇듯 순간적인 번뜩이는 생각이나 아이디어를 믿고 강하게 밀어붙이는 힘을 세계적으로 성공한 인사들은 그대로 알고 실천하였던 것이다.

정리하자면 다음과 같다. 자신을 대단하다고 믿고 그렇게 행동해야 한다. 실제 대단해지기 위해 공부와 명상을 꾸준히 해야 한다. 또한 머릿속에 드는 생각이 있다면 일체의 망설임 없이 바로 말과 행동으로 옮겨야 한다. 주변에 당신을 끌어 내리려는 사람들의 저항이 있다면 끊어버리고 무시하면 된다. 이렇게 행동하다보면 주변에서 당신을 대단하다고 인정해줄 것이고 실제 당신의 삶도 대단해질 것이다.

요약

· 나 자신을 대단하고 미친놈으로 과대평가 하라.

· 두려울 때마다 외쳐라 "나는 미친놈이다! 나는 대단하다!"

· 주변에서 이런 당신을 끌어내리려 저항하면 끊어버리고 무시하라.

· 매일 독서, 공부, 명상을 통해 대단해지기 위한 노력을 하라.

· 머릿속에 번뜩이는 생각이 떠오르면 일체의 주저 없이 바로 말과 행동으로 옮겨라.

반드시 성공한다는 믿음을 가져라

어찌 보면 이번 장이 여태까지 말한 것들 중 가장 중요한 내용이다. 무슨 일이 있어도 당신은 꿈을 이루고 당신은 성공한다는 믿음을 가져라. 당신의 현재 삶이 아무리 시궁창 같고 빛이 보이지 않아도 미래에는 당신이 성공했다라는 믿음을 가져라. 사실 밑져야 본전 아닌가? 반드시 성공하겠다라는 믿음을 가지기만 하면 된다. 돈이 들거나 시간이 드는 것도 아니다. 항상 마음속에 반드시 성공하겠다라는 믿음을 갖고 그 성공을 꿈꾸며 성공한 사람처럼 행동하면 된다. 당신의 현실보다 그 꿈과의 차이가 크면 그 차이만큼 꿈을 이루는 데에 시간이 걸릴 수 있다. 그리고 그 꿈을 이루기 위해 나름 노력을 하지만 매일매일 똑같고 전혀 달라지지 않는 자신을 발견할 수도 있다. 그러면 사람들은 으레 포기하기 마련이다. 그냥 포기하고 아무 생각 없이 있는 그대로 살려고 한다. 그러면 진짜 끝나는 것이다. 어떤 일이 있어도 포기하면 안 된다.

여기에 꿈을 꾸었지만 도중에 포기하여 그 꿈을 이루지 못한 사례를 들려주겠다. 금광을 찾아 너도나도 서부로 이동하던 시절, 더비와 그의 삼촌도 금 채굴을 꿈꾸며 서부로 떠났다. 더비와 삼촌은 삽과 곡괭이만을 가지고 채굴을 시작하였다. 그리고 한 달 이상 계속 파 내려간 끝에 드디어 광맥을 찾아내는 행운을 맞이했다. 그런데 금을 채굴하려면 많은 기계와 장비가 필요했다. 그는 광맥을 조용히 덮고 기계와 장비를 구입하기 위해 고향으로 돌아가 친척들과 이웃들에게 많은 돈을 빌려 기계를 사들였다. 더비와 삼촌이 파낸 첫차분의 광석이 제련소로 운반되었을 때에 그들의 광석이 콜로라도 주에서 가장 질이 좋다는 것이 판명되었다. 몇 차 분만 더 파내면 그동안 빌린 돈을 모두 갚고도 남을 만큼이 어마어마한 돈을 손에 쥐게 될 참이었다. 이제는 돈을 버는 일만 남은 듯하였다. 광맥을 파내려가면서 더비 일행의 꿈이 더 커진 것은 물론이다. 그런데 어느 날 그만 광맥이 끊기고 말았다. 동시에 그들의 꿈도 하루아침에 사라져버렸다. 더비 일행은 절망 속에서도 기도하는 마음으로 광산을 계속해서 파 내려갔다. 하지만 그들은 결국 현실을 인정해야했다. 모든 꿈을 버리고 포기하기로 한 것이다. 그들은 고물상에 단 몇 푼의 싼값으로 채굴 설비를 팔아 넘기고는 풀이 죽어 고향으로 돌아갔다. 그런데 설비를 산 고물상 주인은 시험삼아 모두 떠나고 난 광산을 재조사해 보았다. 조사 결과 더비 일행이 포기한 지점으로부터 불과 1미터 아래에 새로운 금광맥이 잠자고 있었다. 엄청난 금광이었다. 두말할 필요도 없이 고물상 주인은 엄청난 부자가 되었다. 단 1m만 더 파보았다면 더비와 그의 삼촌을 꿈을 이루었을 것이다. 하지만 아무리 땅을 파고 노력을 해보아도 금이 나오는 것 같지 않으니 포기해버린 것이다. 우리도 마찬가지다. 아무리 꿈을 꾸고 노력해도 현실은 1도 나아지는 것 같지 않으니 포기하지만 그 포기한 순간 진짜 모든 게 끝나 버린다. 조금만 더 있으면 바로 꿈을 이룰 수 있을찌도 모르는데 그걸 모르고 포기해 버리는 것이다.

지멘스의 창업자 베르너 폰 지멘스는 어릴 적부터 부자가 되겠다는 꿈을 매일 생생히 꿈꾸었지만 현실은 시궁창이었다. 아버지가 돌아가시고 돌보아야할 가족이 너무나 많았기에 시간이 지날수록 그의 삶은 더 어려워졌다. 그러다가 일하던 도중 우연한 기회에 새로운 기술을 익힐 수 있었고 그 기술을 발판삼아 사업을 해 대성공을 거두었다. 그가 꿈을 꾸고 그 꿈을 이루기 위한 회사를 설립할 때까지는 13년이라는 시간이 흘렀었다. 무려 13년이라는 시간동안 포기하지 않았기에 지금의 지멘스가 있는 것이다. 맥도날드의 창업자 레이 룩크는 52세가 될 때까지 가난한 영업사원으로 일하고 있었다. 열심히 일해도 삶은 나아지지 않았지만 거대한 부를 항상 열망하고 있었다. 그러던 중 52세에 나이에서야 믹서기 영업을 하던 중 장사가 잘되는 햄버거 가게를 발견하고 그 햄버거 가게가 엄청나게 성장할 거라는 직감이 들었다. 그 햄버거 가게를 프랜차이즈로 만들면 엄청난 돈을 벌 수 있을 거라는 상상을 했다. 그리고 그 햄버거 가게 주인을 만나 바로 가게인수 계약을 맺고 바로 프랜차이즈화 하였다. 결과는 대성공이었다. 이렇듯 꿈을 꾸었지만 그 꿈을 이루는데에는 시간이 좀 걸릴 수 있다. 그러므로 포기하지 말라. 절대 포기하지 말라.

나는 퇴사를 한 후 독립을 하고 부자가 되겠다는 결심을 한 지 2년 정도밖에 안되었다. 그리고 구체적으로 퇴사를 실행에 옮기고 실제 독립을 한지는 1년 반밖에 안되었다. 그리고 성공을 매일 생생히 꿈꾸기 시작한지는 1년 정도밖에 안되었다. 그럼에도 불구하고 나의 삶은 많은 부분 달라져 있다. 조금 아쉬운 점은 내가 만약 20세 때부터 지금과 같은 방식을 실천했으면 현재 나의 삶이 어땠을까라는 생각이다. 나와 동갑인데 순자산 40억 원 이상인 친구가 있다. 그 친구는 대학교도 중퇴했다. 집안형편이 안 좋거나 인지도가 낮은 대학교를 다녀서가 아니었다. 그 친구는 20살 때 부터 부자가 되는 꿈을 생생히 꿈꾸었다고 한다. '백만장자 시크릿'을 어렸을적에 읽고 20살 때 부터 실천했다고 했다. 그리고 부자가 되는 것과 대학은 아무런 관련이 없다고 생각해 군대 다녀온 후 바로 그만두었다고 한다. 그다음부터는 그 친구가 하는 사업이 날로 번창해서 그는 현재 일반 회사원이 평생 벌어도 모으지 못하는 자산을 이루었다. 그 친구는 일도 거의 안한다. 하루에 1~2시간정도만 일해도 회사가 잘 돌아가도록 이미 시스템화 하였다. 남들은 열심히 이력서 넣고 면접보고 취업하기 위해 안간힘을 쓰는 나이에 그 친구는 벌써 거의 은퇴를 하였다. 매달 월급으로 대기업 임원급의 월급을 받고 1년에 한번 받는 배당금은 로또 1등 당첨 금액과 맞먹는다. 기업가치도 많이 올라가 있어 만약 지분을 팔면 또 떼돈을 벌 수 있을 것이다. 목표는 순자산 100억이라하는데 얼마 안되서 금방 이룰거 같다. 현재 그 친구는 여러 대의 슈퍼카를 몰고 다니고 본인의 관심사와 취미에 푹 빠져서 지내고 있다.

불공평하다고 느껴지는가? 세상 살이가 왜 이렇게 다르냐고 느껴지는가? 꿈을 생생히 꾸고 포기하지 않은 자의 미래는 그렇지 않은 자의 미래와 확연히 달라진다. 그 친구도 처음 사업을 시작했을 때에는 공장에서 장갑을 끼고 일용직 노동자 못지않게 일을 하였다고 한다. 그렇게 일을 하다 보니 데이트할 시간이 나지 않아 연인과도 헤어졌었다고 한다. 남들은 다 대학교에서 캠퍼스라이프를 즐기고 있을 20대 초중반의 나이에 본인은 꿈을 꾸고 그 꿈을 이루기 위해 정진한 것이다. 그리고 20대 후반의 나이에 거의 은퇴를 한 삶을 누리고 있다. 당신도 꿈을 꾸고 그 꿈을 절대 포기하지 마라. 그리고 될 수 있으면 가능하면 빨리 꿈꾸는 생활을 실천하라. 빨리 꿈꾸기 생활을 시작할수록 당신의 꿈이 이루어질 날도 빨리 다가올 것이다.

요약 ————————————————————————————————

· 반드시 성공한다라는 믿음을 절대 포기하지 마라.

· 꿈을 포기하는 순간 정말 모든게 끝이다.

· 꿈의 크기가 현실과 차이가 크면 꿈을 이루는데에 시간이 더 걸릴 수 있다.

· 성공은 어느 날 갑자기 우연치 않은 기회에 찾아올 수 있다.

· 꿈을 꾸기로 했으면 가능한 빨리 지금당장 매일매일 실천하라.

제7부
스스로에게 보상해줘라

목표를 이루고
이에 대한
보상을 해줘라

사실 이 장이 어찌 보면 실천하기 가장 쉬워보이지만 실제로 실천하기는 쉽지 않은 부분이다. 나도 항상 이 장의 제목을 실천하기 전에 망설여지곤 한다. 나는 종이에 적은 큼지막한 드림리스트가 있고 비록 종이에 적지는 않았지만 매일 마음속에 간직하는 자그마한 드림리스트도 있다. 마음속에만 간직하고 있는 드림리스트는 종이에 적은 드림리스트보다 그 목표 성취를 위한 난이도가 쉽기 때문에 목표 성취를 위한 시간도 적게 걸리고 목표 성취 이후에는 새로운 목표로 금방 변경된다. 마음속에만 품고 있는 목표는 예를 들어 통장에 1천만원 잔고가 늘어나는 것 정도이다. 이 정도면은 짧으면 2주 길어도 1달여 안에는 보통 달성한다. 그리고 크던 작던 그 목표 성취를 이루면 이에 대한 보상도 항상 마음속에 품고 있다. 예를 들어 마사지를 받거나 샴페인을 마시거나 컴퓨터 장비를 하나 산다거나 하는 것이다. 그런데 막상 통장 잔고가 1천만 원 늘어나도 10~50만 원정도 자기 보상을 위해 쉽게 쓰지 못하는 나 자신을 발견한다. 10~50만원 아끼면 다음번 잔고 1천 만원 증가가 하루라도 더 빨리 달성할 수 있을텐데라는 아쉬움이 교차하게 된다.

사실 나는 허투루 돈을 쓰는 것을 무지 싫어한다. 이전 장에서도 말했지만 소비하기 전에 항상 '필요한 것인가? 원하는 것인가?'를 수십 번 물은 후에 구매하기 때문에 이와 같은 보상성 지출은 꼭 필요하지 않은 원하는 재화나 서비스로 여겨졌기 때문이다. 그래서 스킵했던 적이 몇 번 있다. 마음속에 원하는 목표액을 이루면 어떠한 보상을 해야지라고 결심했지만 실제로는 돈을 아끼기 위해 보상을 하지 않은 것이다. 그 순간에는 기분이 좋았다. 얼마간 돈을 아낀거 같아 마치 돈을 번거 같아서 기분이 좋았다. 그러나 나는 그러고 나면 몇일 후 항상 후회하였다. 자기 보상이 없으니 삶의 행복도가 줄어들었다. 돈을 버는 것도 결국은 행복해지기 위해서이다. 돈을 많이 벌면 취업을 안해도 되기 때문에 자유를 얻고 시간을 얻고 건강을 얻을 수 있다. 그리고 꼭 필요한 것을 돈이 없어 사지못하여 기본적인 생활을 하지 못할 염려가 없어진다. 때에 따라서는 고급진 문화생활을 즐기거나 사치재를 사서 자기만족을 할 수도 있다. 돈 자체가 행복한 것이 아니라 돈이 가져다주는 안정감, 돈으로 살 수 있는 재화와 서비스에서 만족을 얻는 것이다. 만약 하루 종일 일에 매달려 돈은 많이 벌지만 실제 그 돈을 쓸 시간도 없고 돈을 쓰는 방법조차 모른다면 과연 행복한 삶일까? 결코 아닐거라 생각한다. 돈 자체보다는 그 돈이 가져다 주는 부수적인 산출물이 실제 행복과 직결되는 것이다. 돈은 많이 벌지면 주 근로시간이 100시간에 달해 돈을 쓸 시간, 체력조차 없다면 과연 행복할까? 엄청난 자산이 있지만 1천 원, 2천 원도 아까워 쓰지못하는 사람의 삶이 과연 행복할까? 예전에 강남의 토지개발이 한창이었을 때 한 농부가 거대한 농지를 토지개발로 보상받아 100억 원대의 자산을 이룬 갑부가 되었다. 지금으로부터 몇십년전의 100억이니 지금 가치로는 더욱 엄청난 액수인 것이다. 그 농부가 제주도 여행을 갔는데 돈을 아끼기 위해서 연탄을 떼는 여관방에서 머물다 일산화탄소 중독으로 사망하였다. 100억 대의 자산이 있었지만 아직 그 농부는 자기 자신에게 보상하는 방법을 몰랐던 것이다.

그렇다면 돈 많이 벌면 아무데나 평소에 막 쓰면 되는것인가? 돈 많이 버는 만큼 비례해서 소비도 늘면 되는 것인가? 당연히 아니다. 아무리 부자라도 허투루 나가는 소비는 작은 돈이라도 아껴야 한다. 하지만 예외가 있다. 자기계발 투자를 위한 소비와 자기 보상성 소비에는 확실해야 한다. 이번장 내용과 관련 있는 자기 보상성 소비를 조금 더 구체적으로 말해보면 사고 싶었거나 해보고 싶었던 것을 마음속에 품고 있다가 목표를 이룰 때마다 그냥 하면 된다. 그 순간에는 돈을 아껴야지라는 마음을 가지지말고 그냥 원하는 것을 하면 된다. 절대 참지 마라.

그러면 참으면 어떻게 될까? 목표를 이루었고 사고 싶은 물건이 있는데 돈이 아까워 원래의 계획과는 다르게 그냥 안사고 돈을 아끼면 어떻게 될까? 당신의 행복감은 바로 떨어질 것이다. 돈을 버는 이유가 행복하기 위해서 버는 것인데 돈을 벌었지만 오히려 행복감은 떨어질 것이다. 그러면 다시 돈을 벌기위한 동기부여가 떨어지고 앞으로는 오히려 돈을 덜 벌게 될 것이다. 그러면 또 돈을 아끼게 될 것이고 또 돈을 벌기 위한 동기부여가 떨어질 것이다. 악순환에 빠지는 것이다. 내가 하고 싶은 것을 누리기 위해 퇴사를 하고 독립을 하고 사업을 한거지만 실제 생활과 마인드는 회사원일 때와 별반 다르게 없는 것이다. 박봉의 월급을 아껴가며 하고 싶은거 참아가던 때와 별반 다르지 않게 된다. 그러니깐 하고 싶은게 있고 사고 싶은게 있으면 빨리 목표를 이룬 다음 누구보다 빠르게 할거 하고 살거 사면 된다. 그 순간에는 마치 황제가 된 듯이 행동으로 보여라. 마사지를 받으러 가서 몇 십만원을 즉석에서 현금으로 결제하라.

전혀 아깝지 않은 표정으로 당당하게 누구보다 빠르게 결제하라. 마치 중국 부자들이 5만원짜리 돈다발을 노란색 고무줄에 묶어서 지불하는 것처럼 당신도 엄청난 부자인것양 보여라.

풍족함을 얻으면 반드시 내놓아야한다. 악착같이 절약할수록 악착같이 빠져나간다. 즉 쓸 때는 과감히 써야 하는 것이다. 항상 많이 쓰는 과소비도 문제지만 쓸 때 못쓸 때 구분 못하고 극단적으로 절약하는 자린고비도 문제인 것이다. 풍족해졌을 때 내놓지 않으면 다음이 돌아오지 않는다. 저수지 물이 순환하지 않고 고여있으면 썩거나 증발해서 전부 사라지는 것과 마찬가지로 돈도 끊임없이 순환시켜야 한다. 풍족함은 얻어놓고도 자신이 있는 곳에서 순환을 멈추려고 하면 그 다음부터는 돈과 풍족함이 들어오지 않는다. 돈과 풍족함이 들어오지 않으면 불안해지고 그러면 더욱더 아끼게 되고 그러면 돈과 풍족함의 에너지가 순환하지 않아 더더욱 상황이 악화될 뿐이다. 돈은 공기와 마찬가지로 밖으로 내보내지 않으면 들이마실 수 없는 것이다. 이러한 현상을 마치 범인과 경찰의 대화로 묘사될 수 있다.

경찰 인질을 넘겨. 돈은 준비해 놓았다.

범인 돈부터 이리 줘. 그러면 인질을 풀어주지.

경찰 어리석은 놈. 인질이 먼저다.

범인 바보 같은 소리하지 마. 돈이 먼저야!

경찰 바보는 네놈이겠지. 인질을 풀어 줘.

범인 먼저 돈을 이쪽으로 던져.

이를 실천하기 위해서는 마음속의 돈에 대한 태도를 살짝 바꾸면 훨씬 편해진다. 돈이 '없다'라는 지금까지의 마음가짐에서 돈은 공기와 같이 '무한히 많다라고 생각을 전환하는 것이다. 돈이 '있다'고 깨닫고 돈이 줄어들지 않는다는 사실을 받아들이면 돈을 기꺼이 내놓을 수 있게 된다. 그러면 신기하게도 오히려 돈이 들어올 것이다. 악착같이 모으면 고생은 고생대로 하고 작은 부자는 될 수 있지만 큰 부자는 되지 못한다. 세계의 억만장자들은 자신의 수익을 행운이라 여기고 이를 나누기 위해 세상에 여러 방법으로 내놓는다. 기부, 자선활동, 또는 다양한 방법의 소비를 통해 기꺼이 내놓고 그러면 순환한다는 이치를 알고 실천하고 있다.

지금부터 풍족해지면 기꺼이 소비하는 습관을 들여야 한다. 본인만의 목표 달성으로 풍족함을 얻었을 때는 기꺼이 소비해라. 하고 싶은 것을 하고 실컷 누려라. 당신이 만약 퇴사를 했는가? 자축하라. 당신이 사업을 시작했는가? 자축하라. 퇴사이후 스스로 독립해서 첫 수익을 벌었는가? 자축하라. 빚을 다 갚았는가? 자축하라. 순자산 1억을 모았는가? 자축하라. 자동으로 돈을 버는 시스템을 구축하여 그 시스템으로 수익이 들어오기 시작했는가? 자축하라. 회사 지분을 팔았는가? 자축하라. 샴페인을 마시고 마사지를 받고 차를 바꾸고 집을 옮기고 당신만이 할 수 있는 방법으로 자축하라. 즐겨라.

요약 ──────────────────────────────────────

· 목표를 이룰때마다 자기보상을 하라.

· 자기보상을 해줄 때에는 평소에 하고 싶었던거 사고싶었던 것을 망설임없이 하거나 사면 된다. 마치 황제가 된 듯이 행동하라.

· 자기보상에 대한 지출을 아끼면 그 다음에 돈을 더 벌지 못하게 된다.

· 돈은 저수지의 물과 같아서 끊임없이 순환시켜주어야 한다.

· 돈이 '없다'라는 지금까지의 마음가짐에서 돈은 공기와 같이 '무한히 많다'라고 생각을 전환하라.

목표성취를
꿈 친구들과 함께 즐겨라

이전 장에서 목표성취에 대한 자기보상을 하라고 했었는데 결국 누군가가 함께해야 이도 의미가 있는 것이다. 혼자 마사지를 받고 혼자 샴페인을 마시고 혼자 사치재를 사고 혼자 즐겨도 결국은 외로울 뿐이다. 가장 가까운이들과 이를 공유하고 함께 즐기면 행복이 더 배가 될 것이다. 예를 들어 연인, 가까운 지인, 가족이 될 수 있다. 당신의 일거수 일투족을 잘 알고 당신의 목표성취 과정을 곁에서 지켜본 가까운 이들과 즐기면 된다. 당당히 자랑을 하라. 내 목표가 이거였는데 얼마 만에 당당히 이루었다. 그래서 나는 내 보상을 위해 어떠한 것을 하겠는데 함께 와서 축하해주었으면 좋겠다. 진정 당신을 위하는 사람이고 당신의 성공을 기뻐한다면 기꺼이 와주어 축하해줄 것이다. 만약 당신의 성공을 아니꼬워하고 불쾌해한다면 그 사람에게는 앞으로 당신의 꿈을 이야기하지 마라. 앞으로도 계속 당신의 성공을 아니꼬워하고 불쾌해 할 것이다. 그러한 사람들은 분명 성공한 마인드를 가지진 못한 사람이다. 틀림없이 꿈과 목표 없이 하루하루 살아가는 실패자 마인드를 지닌 사람일 것이다. 이 기회에 그런 사람들과는 거리를 두고 지내면 된다.

　나는 누군가를 만날 때 그 사람이 꿈을 가지고 있는지 살펴본다. 분야는 상관없다. 지금 현재 위치가 상관없다. 그 사람이 공부를 잘했던 명문대를 나왔던 여성이던 남성이던 나이가 많던 적던 상관없다. 그 사람이 본인 미래에 대한 명확한 꿈이 있고 그 비전에 이루기 위한 열정과 믿음이 있는 사람이면 나는 그 사람과 무조건 가까이 지내려 한다. 그리고 그 사람의 꿈과 비전을 듣는 게 너무나도 재밌다. 그 사람의 꿈과 비전을 응원해주고 이번에는 내 꿈과 비전을 말한다. 그러면 그 사람도 내 꿈과 비전을 응원해준다. 그러면은 서로 절친이 되는 것이다. 그동안 어떻게 살아왔던지 그 순간부터 서로에게 강렬한 이끌림을 얻는 것이다. 하지만 그런 꿈이 없는 사람들이 너무 많다. 불평하는 사람이 많다. 오히려 나에게 먼저 말한다.

　"꿈도 없고 앞으로 뭐 해야할찌 모르겠어."

　"지금까지 내가 인생을 헛것으로 산거 같아. 지금부터 뭘하면서 살찌 모르겠어."

　"재미가 없어 인생이. 그냥 하루하루 살고 있고. 회사다니는게 싫은데 밥먹고 살기위해서는 어쩔수 없잖아."

　"젠장, 오늘도 회식이야. 월급받으려면 어쩔수 없어. 상황봐서 이직이나 해야지. 원래 대한민국 성인들의 삶은 다 이런거 같아. 나도 그냥 체념하고 살아야지."

　이런 말을 하는 사람들을 만나면 본능적으로 거부감이 느껴진다. 친해지고 싶지 않다. 이런 사람들에게 내 시간을 소비하는게 아깝다. 외모가 잘생겼든 명문대를 나왔든 금수저이던 상관없다. 그저 이런 사람들과 어울리는게 싫다.

왜냐하면 이들은 본인들의 꿈이 없을뿐더러 나의 꿈까지 응원해주지 않고 짓밟으려 하기 때문이다. 나는 꿈이 있다. 나는 퇴사를 하고도 얼마든지 잘 살 수 있다. 나는 시간적, 공간적, 물질적 자유를 얻을 수 있다라고 말하면 헛소리 하지 말라고 한다. 현실로 돌아오라 한다. 본인들도 그러고 싶지만 그게 어디 쉽냐고 한다. 바로 꿈이 없는 본인들과 다른 꿈이 있는 사람이 나타나면 본능적으로 질투가 나는 것이다. 그들과 자신들과 같은 꿈없는 사람으로 만들고 싶은 것이다. 응원해주고 격려해주기보다는 자신들의 세계로 끌어내리려고 안간힘을 쓴다. 이런 친구들은 끊어버려라. 그렇다고 대놓고 너랑 안맞으니깐 앞으로 연락하지 말라고 말하라는 게 아니다. 그냥 자연스럽게 연락을 줄이고 만남을 자제하면 된다. 예의에 어긋나지 않은 선에서 누구보다도 강하게 의사표현을 확실히 해 그들과의 교류를 줄이면 된다. 설사 이런 부류가 가족이라도 말이다. 가족이라도 본인의 꿈과 비전을 응원해주지 않으면 교류를 줄여야 한다. 응원해주지 않는 이들에게 굳이 본인의 꿈과 비전을 말하고 목표 성취를 이루었을 때 함께 즐기지 마라.

그러면 꿈과 비전이 확실한 꿈 친구들과 어떻게 함께 꿈을 즐기고 꿈을 이루었을 때 즐길 수 있을까? 단체 대화방을 하나 만들어라. 꿈 친구들이 가득한 친구들만 모아서 단체 대화방을 만들어라. 거기서 본인들의 꿈과 비전을 마음껏 선포하고 털어놓아라. 예를 들어 나는 당당히 말한다. "이번 달 목표 수입이 1500만 원이야. 나는 반드시 이룰 거야." 그러면 꿈 친구들이 물어본다. "우와 정말? 어떻게 이룰건대?" 그러면 나는 이런저런 방법으로 이룰거라고 가능하다고 대답한다. 그러면 다시 답이 온다. "응원할게!", "멋지다 넌 할 수 있어." 나는 이렇게 선포하고 이룬 목표가 너무나 많다. 목표를 이루면 역시 축하를 받는다. 나 역시도 상대가 꿈과 비전을 말하고 그 꿈과 비전을 하나씩 이룰 때마다 축하를 해준다. 가식이 아니다. 정말 멋지고 부러워서 진심으로 축하를 해준다. 그리고 나도 이룰 수 있다는 믿음을 굳건히 하고 동기부여를 준다.

지금 돈이 많고 지금 학벌이 좋고 지금 좋은 회사를 다니고 지금 외모가 뛰어나 부러운 친구가 있는가? 그런데 그 친구가 만약 꿈과 비전이 없는 친구라면? 거리를 두라. 그 친구의 미래를 바라보아라. 꿈과 비전이 없는 친구는 미래가 어둡다. 하지만 꿈과 비전이 확실한 친구라면? 아마 그 친구는 이미 성공한 삶을 살고 있을 것이다. 그리고 앞으로 더더욱 성공할 것이다. 혹여나 현재 전혀 성공한 것 같지는 않지만 꿈과 비전이 확실한 친구가 있다면? 가까워져라. 그 친구의 미래는 밝다. 현재는 그렇지 못할 지라도 반드시 밝은 미래가 있을 친구다. 그 친구와 가까워지고 그 친구의 꿈과 비전을 응원해 주어라.

요약 ────────────────────────────

· 목표를 이룰 때마다 주변 사람들과 함께 즐겨라.

· 주변에 꿈이 가득한 꿈 친구를을 곁에 두어라.

· 꿈 친구들과 수시로 꿈과 비전을 공유하고 이룰 때마다 서로 축하해주어라.

· 현재 그 사람의 신분과 위치에 관계없이 꿈과 비전이 있는지 여부로 가까이 지낼지 말지 결정하라.

· 꿈과 비전이 확실한 사람의 미래는 밝다.